常識やぶりのアイデアおやつ

「材料4つまで」の100レシピ

syun cooking 著

JN028969

大和書房

はじめに

昔から料理が大好きで、時間さえあればよく作っていました。どちらかというと「おかず」ばかりで、お菓子はあまり作ったことがなかったのですが、チャレンジしてみると研究し甲斐があるし、とても楽しくなってどんどんハマっていきました。

やればやるほど、「限りある材料でおいしく作れる方法」「工程を省いて簡単に作るコツ」などがわかってきて、それをみなさんに知ってもらいたくて、18歳の頃に動画配信をスタート。おかげさまで今、たくさんの方に視聴していただいています。

本書では、「材料4つまで」のレシピを100品ピックアップしました。「お菓子作りはハードルが高い」と感じている方にも挑戦しやすいレシピをお届けしたくて、工程もできるだけ簡単にしています。この本を通じて、おやつの時間が待ち遠しくなったり、お子さんと一緒にお菓子を作る時間が増えたら著者冥利に尽きます。

みなさんにとって、お菓子作りが幸せな時間になりますように──。

2023年11月吉日
syun cooking

3

CONTENTS

 CHAPTER 1 冷やして

【 本書では 】

◎できあがり分量や調理時間はおおよその目安です。
◎電子レンジの加熱時間は500W、トースターの加熱時間は1000Wでのおおよその目安です。
　状態を見ながら調整してください。
◎市販品を多く使用していますが、入手が難しい場合は代替品を使ってください。
◎「マリー」「チョイス」(森永製菓(株))のパッケージには「ビスケット」と表示されていますが、
　レシピでは「クッキー」で記載しています。
◎それぞれのレシピに関連動画のQRコードを掲載していますが(一部掲載なし)、
　材料や作り方が動画と異なっているものもあります。あくまで参考動画としてご視聴ください。

 CHAPTER 2 電子レンジで

CHAPTER 3 フライパンで

CHAPTER 4 トースターで

CHAPTER 5 **オーブンで**

面倒なことしないアイデア

「材料4つまで」のお手軽おやつを作るには、材料を工夫したり、
家にある道具で工程を省いたり。材料や道具を一式そろえなくても、
おうちで、ちょっとした時間に、簡単に本格おやつが作れちゃいます。

IDEA 1
市販品を活用する

市販品は、それひとつで何役もこなしてくれる優
秀なアイテム。クッキーはタルト生地にしたり、バ
ニラアイスクリームはカスタードクリームの材料に
したり。どれも、コンビニやスーパーなどで手軽
に手に入るものばかりなので、ぜひ活用してみて。

マリー／チョイス

僕がよく使うクッキーは、丸い「マリー」
と四角い「チョイス」。丸い形を活用し
たいときは「マリー」を、砕いて使うと
きは「チョイス」をよく使います。

オレオ

ココアクッキーとバニラクリー
ムの風味を生かしたいときに
「オレオ」をよく使います。ク
ッキーとクリームを分けて使
えば一石二鳥！

オイコス

ヨーグルトの「オイコス」は、粘度があ
って濃厚なので、水切り不要なのがと
にかく便利。酸味は控えめでやや甘
味があり、お菓子作りに向いています。

しぼるだけホイップ

生クリームを泡立てるのが面
倒なときに重宝するのがこの
ホイップ。ほどよい甘味とふ
わっとした口どけも抜群。常
備しておくと便利。

IDEA 2

メレンゲは「エッグメーカー」で

ふわふわエッグメーカー

卵の白身を入れてシャカシャカ振るだけであっという間にふわふわに。百均ショップで入手できますが、メーカーによって商品名が異なります。

クッキーを砕く

IDEA 3

細長いコップが大活躍

底が平らで、縦長のコップがひとつあると便利です。ボウルに入れたクッキーを砕くときは、コップの底で押しつけるようにしながら砕くと粉々に。絞り袋にクリームを入れるときは、絞り袋をコップにセットしておくと楽チンです。

絞り袋をセットする

IDEA 4

空き容器や牛乳パックを利用する

丸型やパウンド型がなくても、牛乳パックやヨーグルトカップを上手に活用する方法もあります。洗い物も少なく、子どもでも簡単！ 密閉保存容器もよく使っています。

9

型や紙カップは百均で！

手軽にお菓子作りをしたいなら、「百均」グッズがとにかくおすすめ！
ケーキ型や紙カップ以外にも、ホイッパーやヘラなどの道具も勢ぞろい。

丸型／ケーキ型

直径12cmや15cmの底の抜ける
ケーキ型を僕は多用しています。底の
抜けない丸型は12ページの透明ケー
キで使用しました。

シリコン型

ケーキ型はもちろん、マドレーヌ型やカ
ヌレ型、ドーナツ型などはシリコン製の
ものが充実。商品によっては廃番にな
っているものもあるので要確認。

タルト型／パウンド型

タルト型、パウンド型などもあるのでケーキの幅
が広がります。パウンド型は特にサイズの種類
が豊富。さまざまな大きさを楽しんで。

ココット皿／マグカップ

食器類も充実。マグカッ
プの底の形を利用すれ
ば、プリン型にもなりま
す。ココット皿もサイズが
いろいろ！

紙カップ

百均の紙カップは、サイズも柄もいろいろで見て
いるだけでも楽しい！　丸い形のクッキー「マリ
ー」がぴったり入るサイズもあって便利です。

冷やして

ゼリーやムース、チーズケーキだけでなく、
生チョコタルトやマシュマロだって作れちゃう。

材料 **3**つ

混ぜて冷やすだけ！

透明ケーキ

動画は
こちら

材料 （直径12cmの丸型1個分）

- サイダー … 400㎖
- 粉ゼラチン … 20g
- 水 … 200㎖

使うのは
コレ！

作り方

1 耐熱ボウルに粉ゼラチンと水を入れ、ダマがなくなるまでよく混ぜる。

2 別の耐熱ボウルにサイダーを入れ、電子レンジで5分加熱したらよく混ぜる。

3 1のゼラチンがしっかりふやけたら電子レンジで1分加熱して溶かし、2に加えて素早く混ぜ合わせる。

4 丸型に3を流し入れる。泡が立つ場合は、表面にぴったりとラップをつけてから外すと泡がとれやすい。

5 冷蔵庫で6時間以上冷やし固めたら完成。

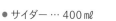

POINT

サイダーはお好みのジュースで代用可能。工程3では、サイダーが温かいうちにゼラチンを加えて。冷めているとダマになりやすいので注意。型から出す際は、温かいタオルで型を温めると取り出しやすいです。

材料 **4**つ

しっとりなめらか

ヨーグルトムースケーキ

動画は
こちら

材料 （直径12cmのケーキ型1個分）

使うのは
コレ！

- クッキー（チョイス／市販）
 … 100g
- ヨーグルト（オイコス／市販）
 … 2個（110g×2）
- 生クリーム … 200mℓ
- グラニュー糖 … 30g

作り方

1 ボウルにクッキーを入れ、コップの底などで細かく砕く。

2 別のボウルにヨーグルトを入れて混ぜる。

3 別のボウルに生クリームとグラニュー糖を入れ、ツノが立つまで泡立てる。

4 3に2を加えて混ぜ合わせる。

5 1のクッキーに4を30g加えて混ぜ合わせ、全体がしっとりしたら、クッキングシートを敷いたケーキ型に入れて押し固める。

6 5に4の残りを加えて表面を平らにし、冷蔵庫でひと晩冷やしたら完成。

POINT

「オイコス」を使うとヨーグルトの水切りが不要。工程3で、生クリームをかために泡立てると、ふわっとした口当たりに。工程5ではタルト生地をしっかり押し固め、かたく仕上げることで崩れにくくなります。

材料 **3**つ

甘栗で作れば手間いらず

モンブラン

動画は
こちら

材料 （2個分）

- クッキー（マリー／市販）… 2枚
- 甘栗 … 適量
- ホイップ（しぼるだけホイップ／市販）
  … 1本（250㎖）

作り方

1 耐熱ボウルに甘栗100ｇを入れ、電子レンジで1分加熱したらフォークでつぶす。
2 濾し器で1を濾してなめらかにしたら、ホイップ100㎖を加えて混ぜ、マロンクリームを作る。
3 クッキーに甘栗を1個ずつのせ、甘栗を覆うようにホイップを絞り、冷蔵庫で冷やす。
4 絞り袋に2のマロンクリームを入れ、3のホイップを覆うように絞ったら完成。

POINT

工程1で、電子レンジで甘栗をしっかり加熱してやわらかくすることで濾しやすくなります。絞り袋に入れる際は縦長のコップを使うと便利です。

材料 **4** つ

ヨーグルトカップそのまま

濃厚レアチーズケーキ

動画はこちら

材料（1個分）

使うのはコレ！

- クッキー（マリー／市販）… 1枚
- ヨーグルト（牧場の朝／市販）… 1個（70g）
- クリームチーズ（キリ／市販）… 1個（18g）
- 粉ゼラチン … 3g

作り方

1 耐熱ボウルに粉ゼラチンと水大さじ1（分量外）を入れ、ダマがなくなるまでよく混ぜる。
2 カップに入ったヨーグルトにクリームチーズを加え、よく混ぜ合わせる。
3 電子レンジで1を10秒加熱してゼラチンを溶かし、2に加えて素早く混ぜ合わせる。
4 3の上にクッキーをのせ、冷蔵庫で2～3時間冷やし固める。
5 しっかり固まったら器に盛って完成。

POINT

混ぜ合わせるときは、ミニのホイッパーを使うと便利です。クッキーは「マリー」を使うと容器にぴったりはまります。ちょうどいいサイズのクッキーがなければ、砕いたクッキーで代用を。

材料 **3**つ

韓国で大人気！冷やすだけの

オレオチーズケーキ

材料 （15cm×15cm×6cmのスクエア型1個分）

使うのは
コレ！

- クリームサンドココアクッキー（オレオ／市販）
  … 12枚
- クリームチーズ … 200g
- 生クリーム … 200㎖

作り方

1 クッキー6枚をバニラクリームとクッキーに分け、クッキーは砕く。

2 耐熱ボウルにクリームチーズを入れ、電子レンジで30秒加熱したらクリーム状になるまでよく練る。

3 2に1のバニラクリームを加え、よく混ぜ合わせる。

4 ボウルに生クリームを入れ、六分立てに泡立てる。

5 3に4の生クリームを2回に分けて加え、都度よく混ぜ合わせる。

6 スクエア型に5を半量入れ、表面を平らにする。

7 クッキー6枚をのせたら、その上に5の残りのクリームを入れ、表面を平らにする。

8 1の砕いたクッキーをバランスよくのせ、冷蔵庫で2時間以上冷やしたら完成。

POINT

2時間で固まらなかったら、ひと晩冷やしてください。工程1はバターナイフなどを使うとスムーズです。工程4で生クリームを泡立てる際、お好みでグラニュー糖を加えても◎。

動画は
こちら

材料 **2**つ

材料はたったの2つで

ふわっととろけるオレオケーキ

材料（直径12cmのケーキ型1個分）

使うのは
コレ！

● クリームサンドココアクッキー（オレオ／市販）
　… 12枚
● 生クリーム … 200 ㎖

作り方

1　クッキーをバニラクリームとクッキーに分け、クッキーは砕く。
2　ボウルに1の砕いたクッキー50gと生クリーム20㎖を入れ、よく混ぜ合わせる。
3　クッキングシートを敷いたケーキ型に2のタルト生地を入れて押し固め、冷蔵庫で冷やす。
4　ボウルに生クリーム180㎖と1のバニラクリームを入れて泡立てる。
5　3のタルト生地の上に、4のクリームと1の残りのクッキーを交互に重ね入れる。
6　冷蔵庫で2〜3時間しっかり冷やしたら完成。

POINT

工程1でクッキーを砕くときは、ボウルにクッキーを入れ、コップの底で押し当てるようにして砕くとラク。工程3では、タルト生地を型の底に広げてしっかりと押しながら固めましょう。

動画は
こちら

材料 **2** つ

卵なし！材料2つで

濃厚チョコレートムース

動画は
こちら

材料 （200mℓの器2個分）

- チョコレート … 100g
- 生クリーム … 200mℓ

作り方

1 耐熱ボウルに細かく割ったチョコレートと生クリーム50mℓを入れ、電子レンジで1分加熱する。
2 1をしっかり混ぜ合わせてなめらかにする。
3 別のボウルに生クリーム150mℓを入れ、六分立てに泡立てる。
4 2に3を加え、しっかり混ぜ合わせる。
5 器に4を盛り、冷蔵庫で2時間冷やし固めたら完成。

POINT

工程4で、チョコレートと生クリームを混ぜ合わせるときは、ホイッパーを使って空気を含ませながら混ぜ、かたさを調整します。しっかり混ぜ合わせることでふわっとなめらかな口当たりに。

材料**3**つ

ゼラチン不要！

ホワイトチョコレートムース

動画は
こちら

材料（直径12cmのケーキ型1個分）

使うのは
コレ！

- クッキー（チョイス／市販）
  … 100g
- ホワイトチョコレート … 150g
- 生クリーム … 200㎖

POINT

クッキーは均等に細かく砕くことで、タルト生地が崩れにくくなります。ホワイトチョコレートを電子レンジで加熱するときは、焦がさないように注意してください。

作り方

1 ボウルにクッキーを入れ、細かく砕く。

2 生クリーム30㎖を加え、よく混ぜ合わせてしっとりさせる。

3 クッキングシートを敷いたケーキ型に2のタルト生地を入れて押し固め、冷蔵庫で冷やす。

4 耐熱ボウルに細かく割ったホワイトチョコレートを入れ、電子レンジで1分加熱したら、ダマが残らないようにしっかり混ぜる。

5 ボウルに生クリーム170㎖を入れ、六分立てに泡立てる。

6 5に4を加え、全体をよく混ぜ合わせる。

7 3のタルト生地の上に6を流し入れて表面を平らにし、冷蔵庫で3時間以上冷やしたら完成。

材料**4**つ

クリームチーズもスポンジもいらない！

ふわふわティラミス

動画は
こちら

材料（8cmの立方体容器1個分）

使うのは
コレ！

- クッキー（チョイス／市販）
  … 適量
- ヨーグルト（オイコス／市販）
  … 2個（110g×2）
- ホイップ（しぼるだけホイップ／市販）
  … 1本（250㎖）
- ココアパウダー … 適量

作り方

1 ボウルにヨーグルトとホイップを入れ、ヘラでしっかり混ぜる。
2 容器にクッキーと1のクリームを交互に重ね入れ、最後にクリームをのせたら表面を平らにする。
3 ふた（ラップ）をし、冷蔵庫で3時間冷やす。
4 しっかり冷えたら、ココアパウダーをたっぷり振って完成。

POINT

工程1では、ホイッパーで混ぜるとクリームがかたくなってしまうので、ヘラがおすすめ。工程2で、クッキーに濃いめのコーヒーを染み込ませると本格的な味わいになります。

材料 **3**つ

牛乳パックで簡単!

生チョコタルト

動画は
こちら

材料 （1000㎖の牛乳パック1個分）

使うのは
コレ!

- クッキー（チョイス／市販）
  … 100g
- チョコレート … 200g
- 牛乳 … 130㎖

下準備
牛乳パックを長方形の型になるように形
を整え、サイズに合わせて切ったクッキン
グシートを敷く。

作り方

1 ボウルにクッキーを入れ、細かく砕く。

2 牛乳30㎖を加え、よく混ぜ合わせてしっとりさせ
る。

3 型に2のタルト生地を入れて押し固め、冷蔵庫で
冷やす。

4 耐熱ボウルに細かく割ったチョコレートと牛乳
100㎖を入れ、電子レンジで1～2分加熱する。

5 よく混ぜ合わせたら3のタルト生地の上に流し入
れ、3回ほど軽く落として中の空気を抜く。

6 冷蔵庫で2～3時間冷やしたら完成。お好みで
ココアパウダーをかけると本格的な仕上がりに。

POINT

工程5で、溶け残りやダマがないよう、なめらかになるまでよく混ぜればとろけるような舌ざわりに。冷蔵庫で
冷やした後、温めたナイフでタルトの側面をなでつけると、きれいに仕上がります。

材料 **4**つ

焼かない！
いちごのショートケーキ

動画は
こちら

材料（直径12cmのケーキ型1個分）

使うのは
コレ！

- スポンジ（市販）… 1個
- いちご … 適量
- 生クリーム … 200㎖
- グラニュー糖 … 30g

作り方

1 スポンジを横半分に切り、さらにケーキ型の底に合わせて丸くカットする。

2 ボウルに生クリームとグラニュー糖を入れ、ツノが立つまで泡立てたら、絞り袋に入れる。

3 いちごはヘタを取り、縦半分に切る。

4 クッキングシートを敷いたケーキ型にスポンジを1枚入れ、いちごの断面が表に出るように型に沿って並べる。

5 いちごといちごの隙間に2のクリームを絞り入れたら、中央にいちごを敷き詰める。

6 さらに隙間にクリームを絞り入れ、もう1枚のスポンジでふたをする。

7 スポンジの上面にクリームを塗ったら、冷蔵庫で3時間冷やす。

8 型から外し、いちごをトッピングしたら完成。

POINT

生クリームは泡立てすぎるとボソボソの食感になってしまうので要注意。絞り袋に入れるときは、縦長のコップに絞り袋をセッティングしてから生クリームを入れるとラクです。

材料 **3**つ

混ぜて挟んで冷やすだけ！

生チョコサンドクッキー

動画は
こちら

材料 （直径5.5cm×5cmの紙カップ使用／5個分）

- クッキー（マリー／市販）
  … 10枚
- チョコレート … 200g
- 牛乳 … 80mℓ

使うのは
コレ！

作り方

1 耐熱ボウルに細かく割ったチョコレートと牛乳を入れ、電子レンジで2分加熱する。

2 1をよく混ぜてツヤを出す。

3 紙カップにクッキーを1枚ずつ入れる。

4 3に2のチョコレートを流し入れたら、クッキーを1枚ずつのせる。

5 冷蔵庫で3時間以上冷やし固めたら、紙カップから外して完成。

POINT

工程2でチョコレートを混ぜるときは、ムラがなくなるまでよく混ぜましょう。クッキーを紙カップに入れるときは、クッキーの表面を出すようにすると見栄えがよくなります。

材料 **3** つ

濃厚でなめらか

クッキーアイスサンド

材料（直径5.5cm×4cmの紙カップ使用／6個分）

使うのは
コレ！

- クッキー（マリー／市販）… 12枚
- 生クリーム … 200㎖
- グラニュー糖 … 50g

作り方

1 ボウルに生クリームとグラニュー糖を入れ、ツノが立つまで泡立てたら、絞り袋に入れる。
2 紙カップにクッキーを1枚ずつ入れる。
3 2のクッキーの上に1のクリームを絞り、その上にクッキーを1枚ずつのせて少し押す。
4 冷凍室で3時間以上しっかり冷やし固めたら、紙カップから外して完成。

POINT

生クリームは垂れないよう、少しかために泡立ててください。ただし、なめらかな食感にしたいので泡立てすぎないように注意を。工程3でクッキーをのせた後に少し押して、クリームと密着させてください。

動画は
こちら

材料 2つ

卵とグラニュー糖だけで

濃厚バニラアイス

材料 （作りやすい分量）

- 卵 … 2個
- グラニュー糖 … 50g

使うのは
コレ！

作り方

1 卵を卵黄と卵白に分けたら、ボウルに卵白とグラニュー糖を入れて泡立て、メレンゲを作る。

2 別のボウルに卵黄を入れてよく溶き、1のメレンゲを少し加えて混ぜ合わせる。

3 残りのメレンゲを加え、さっくり混ぜ合わせる。

4 保存容器に流し入れ、冷凍室で6時間以上冷やし固めたら完成。

POINT

もしあれば、バニラエッセンスやバニラビーンズを加えると、より本格的なバニラアイスになります。メレンゲを泡立てるときは、9ページで紹介した「ふわふわエッグメーカー」を使用すると便利。

材料**4**つ

ライスペーパーで作る
ふわふわいちご大福

動画は
こちら

材料 （直径9cmのココット皿使用／2個分）

- ライスペーパー … 2枚
- いちご … 2個
- ホイップ
  （しぼるだけホイップ／市販）
  … 1本（250㎖）
- 片栗粉 … 適量

使うのは
コレ！

作り方

1 いちごのヘタを切り落とす。

2 大きめの皿に水を張り、ライスペーパーをさっと濡らす。

3 まな板に片栗粉を広げ、ライスペーパーの両面に薄くまぶす。

4 ココット皿にライスペーパーを広げてのせ、ホイップを絞っていちごをのせる。

5 いちごをくるむようにホイップを絞り、ライスペーパーで包む。

6 ココット皿から出し、形を整えたら完成。

POINT

いちごは先端がやや尖った、丸いものを選ぶと形よく仕上がります。ライスペーパーは濡らすと破れやすいので、作業は手早く、やさしく、慎重に。

材料 **3**つ

こしあんを使って

水ようかん

材料 （15cm×10cm×5cmの保存容器1個分）

使うのは
コレ！

- こしあん … 200g
- 粉寒天 … 2g
- 水 … 200㎖

作り方

1 耐熱ボウルに粉寒天と水を入れてよく混ぜ、電子レンジで5分加熱したらさらによく混ぜる。

2 こしあんを加えてよく混ぜ合わせ、保存容器に流し入れる。

3 粗熱をとったら、冷蔵庫で3時間冷やし固める。

4 しっかり冷えたら、食べやすい大きさに切って器に盛る。

POINT

工程2では、こしあんを加えたらとろみがつくまでよく混ぜ合わせます。さらになめらかな舌ざわりにしたいなら裏ごしをしてください。

動画は
こちら

材料**4**つ

あまった切りもちで作る

チョコもち

材料（6個分）

使うのは
コレ！

- 切りもち … 1個
- チョコレート … 80g
- 生クリーム … 80㎖
- ココアパウダー … 適量

作り方

1　耐熱ボウルに小さく切った切りもち、細かく割ったチョコレート30g、生クリーム50㎖を入れ、電子レンジで2分加熱したらよく混ぜ合わせる。

2　バットにココアパウダーをふるい入れ、1のチョコもち生地を入れて薄く均等に伸ばす。

3　2を6等分に切ったらラップをし、冷蔵庫で1時間冷やす。

4　耐熱ボウルに細かく割ったチョコレート50gと生クリーム30㎖を入れ、電子レンジで1分加熱したらよく混ぜ合わせる。

5　冷蔵庫で4を1〜2時間冷やして生チョコを作り、6等分に切る。

6　3のチョコもち生地に5の生チョコをのせて包み、丸く形を整えたら完成。

POINT

チョコもち生地はダマがなくなるまでよく混ぜ、均等に伸ばしてからしっかり冷やしてください。作業中にチョコが溶けてきたら、その都度冷蔵庫に入れて冷やすと包みやすいです。

動画は
こちら

材料 **3**つ

プレゼントにもおすすめ

チョコレートオレオボール

動画は
こちら

材料 （4～5個分）

- クリームサンドココアクッキー
  （オレオ／市販）… 12枚
- チョコレート … 50g
- 生クリーム … 60㎖

作り方

1 クッキーをバニラクリームとクッキーに分け、クッキーは細かく砕く。

2 ボウルに1のクッキーと生クリームを入れてよく混ぜ、ひとかたまりにしたら4～5等分にする。

3 1のバニラクリームを丸めて4～5等分にし、2の生地で包んで丸く形を整えたら、冷蔵庫で1時間冷やす。

4 耐熱ボウルに細かく割ったチョコレートを入れ、電子レンジで2分加熱して溶かしたら、3をコーティングする。

5 冷蔵庫で1～2時間冷やし固めたら完成。

POINT

かわいいラッピングをすればバレンタインデーなどにも重宝します。工程1で、クッキーをより細かく砕けば、生地がまとまりやすくなって形が崩れるのを防げます。

材料 **4**つ

混ぜて冷やして丸めて

生チョコトリュフ

動画は
こちら

材料（6個分）

使うのは
コレ！

- チョコレート … 100g
- 生クリーム … 50㎖
- ココナッツパウダー … 適量
- ドライいちご（ダイス）… 適量

作り方

1 耐熱ボウルに細かく割ったチョコレートと生クリームを入れ、電子レンジで2分加熱したらよく混ぜ合わせる。

2 ラップを敷いたバットに1の生チョコを入れて平らに伸ばし、冷蔵庫で3時間以上冷やす。

3 温めたナイフで6等分に切り、丸く形を整える。

4 ココナッツパウダーやドライいちごをまぶしたら完成。

POINT

工程3で形を整えるときは、溶けないように素早く作業しましょう。生チョコは冷蔵庫でしっかり冷やし、作業する前に手も冷やしておくとくっつきにくいです。

材料 **2**つ

型も道具も必要なし！

ペットボトルコーヒーゼリー

動画は
こちら

材料 （500㎖のペットボトル1本分）

● コーヒー（ブラック）
　 … 500㎖（ペットボトル入り）
● 粉ゼラチン … 5g

作り方

1　耐熱ボウルにコーヒー100㎖と粉ゼラチンを入れて混ぜる。
2　電子レンジで1を30秒加熱し、よく混ぜてゼラチンを溶かす。
3　ペットボトルに2を戻し入れ、よく振り混ぜる。
4　冷蔵庫で3をひと晩冷やし固める。よく振って器に盛ったら完成。お好みで生クリームをかけて。

POINT

工程3で、粉ゼラチンを混ぜたコーヒーをペットボトルに戻し入れたら、しっかり振って混ぜてください。器に盛るときは、よく冷えて固まったことを確認して。ゼリーを細かくしたいならよく振ってから器に出しましょう。

動画は
こちら

材料 **3** つ

プリン型は不要！マグカップで

牛乳プリン

材料（マグカップ2個分）

使うのは
コレ！

- 牛乳 … 300 ㎖
- グラニュー糖 … 20 g
- 粉ゼラチン … 3 g

作り方

1 耐熱ボウルに牛乳20㎖と粉ゼラチンを入れ、ダマがなくなるまでよく混ぜる。

2 別の耐熱ボウルに牛乳280㎖とグラニュー糖を入れ、軽く混ぜ合わせたら電子レンジで3分加熱し、さらに混ぜる。

3 電子レンジで1を20秒加熱してゼラチンを溶かし、2に加えて素早く混ぜ合わせる。

4 電子レンジで3を2分加熱してよく混ぜ、マグカップに流し入れてひと晩冷やし固めたら完成。

POINT

工程1では粉ゼラチンが均等になるようによく混ぜ、工程2ではグラニュー糖をよく溶かすことでなめらかな舌ざわりに仕上がります。ダマができてしまったら目の細かな濾し器で濾してください。

材料 **4**つ

歯ざわりもおいしい

ふわふわマシュマロ

材料 （10cm×10cm×5cmの保存容器1個分）

- 卵白 … 1個分
- グラニュー糖 … 50g
- 粉ゼラチン … 10g
- 片栗粉 … 適量

使うのは
コレ！

作り方

1　耐熱ボウルに粉ゼラチンと水50㎖（分量外）を入れ、ダマがなくなるまでよく混ぜる。

2　ボウルに卵白とグラニュー糖を入れて泡立て、メレンゲを作る。

3　電子レンジで1を30秒加熱してゼラチンを溶かし、2に加えて素早く混ぜ合わせる。

4　保存容器に3を流し入れて表面を平らにし、冷蔵庫で1〜2時間冷やし固める。

5　固まったら容器から出し、片栗粉をまぶす。食べやすい大きさに切ったら完成。

POINT

メレンゲはふわふわになるまで泡立てて。「ふわふわエッグメーカー」
（P.9参照）を使うと便利。しっかり冷やし固めたら、くっつかな
いように片栗粉をまんべんなくまぶします。

動画は
こちら

材料 **4**つ

リピート間違いなし

オレオクッキーミルク

動画は
こちら

材料 （大きめのグラス1個分）

- クリームサンドココアクッキー
  （オレオ／市販）… 6枚
- 牛乳 … 200〜300㎖
- 生クリーム … 50㎖
- グラニュー糖 … 3〜5g

作り方

1　クッキーをバニラクリームとクッキーに分け、クッキーは細かく砕く。

2　ボウルに生クリームとグラニュー糖を入れて泡立てる。

3　グラスに1の砕いたクッキーを入れ、しっかり冷やした牛乳を注ぎ入れ、2をのせたら完成。お好みで砕いたクッキーを散らす。

POINT

オレオや牛乳の量はグラスのサイズやお好みで調整してください。分けたバニラクリームは使わないのですが、2のクリームに入れてもOK。生クリームをホイップするかたさもお好みで。

電子レンジで

スポンジ生地も3分チンでふわっふわ。

ケーキも、ドーナツも、プリンもレンチンで完成！

材料 **4**つ

オーブンで焼かないのに本格的

チョコケーキ

材料（直径15cmのシリコン丸型1個分）

使うのは
コレ！

- ● ホットケーキミックス … 100 g
- ● チョコレート … 150 g
- ● 卵 … 2個
- ● 生クリーム … 200 ㎖

作り方

1　スポンジを作る。耐熱ボウルに細かく割ったチョコレート100 gを入れ、電子レンジで2分加熱したら混ぜる。

2　1に卵を1個ずつ割り入れ、都度よく混ぜ合わせる。

3　ホットケーキミックスを加えてよく混ぜたら、丸型に流し入れる。

4　電子レンジで3を3〜4分加熱したら粗熱をとり、横半分に切る。

5　チョコクリームを作る。耐熱ボウルに細かく割ったチョコレート50 gを入れ、電子レンジで1分加熱したら混ぜる。

6　冷やした生クリームを4〜5回に分けて加え、都度混ぜてなじませたらツノが立つまで泡立てる。

7　4のスポンジ1枚の上に6のチョコクリームを塗り広げる。その上にもう1枚のスポンジをのせ、全体にチョコクリームを塗ったら、冷蔵庫で3時間冷やす。

8　しっかり冷えたら完成。お好みで割ったチョコレートを飾る。

POINT

工程2で卵を割り入れたら、白身のコシを切るようによく混ぜ合わせてください。工程4で、スポンジを横半分に切るときは、しっかり粗熱をとってから。

動画は
こちら

43

材料**4**つ

しっとり濃厚！

オレオケーキ

材料 （直径15cmのシリコン丸型1個分）

使うのは
コレ！

- クリームサンドココアクッキー（オレオ／市販）
  … 20枚
- チョコレート … 100g
- 牛乳 … 250㎖
- ベーキングパウダー … 小さじ1

作り方

1　ボウルに細かく砕いたクッキーと牛乳200㎖を入れてよく混ぜる。

2　ベーキングパウダーを加えて混ぜ合わせたら、丸型に流し入れる。

3　電子レンジで2を6〜7分加熱したら、粗熱をとる。

4　耐熱ボウルに細かく割ったチョコレートと牛乳50㎖を入れ、電子レンジで1分加熱したらよく混ぜ合わせる。

5　3に4をかけ、冷蔵庫で1時間冷やし固めたら完成。

POINT

工程4で、牛乳を生クリームで代替すれば、よりコクのあるリッチな味わいに仕上がります。工程5で、チョコレートをかけるときはケーキクーラーなど網の上にのせてかけましょう。

動画は
こちら

材料 **3**つ

バターも生クリームもいらない！

濃厚ブラウニー

動画は
こちら

材料 （15cm×15cm×6cmのスクエア型1個分）

● ホットケーキミックス
　… 100g
● チョコレート … 150g
● 卵 … 3個

使うのは
コレ！

作り方

1　耐熱ボウルに細かく割ったチョコレートを入れ、電子レンジで2分加熱したらよく混ぜる。

2　卵を1個ずつ割り入れ、都度よく混ぜ合わせる。

3　ホットケーキミックスを加えてよく混ぜる。

4　ラップを敷いたスクエア型に3を流し入れ、3回ほど軽く落として中の空気を抜く。

5　電子レンジで5分加熱したら粗熱をとり、食べやすい大きさに切って完成。

POINT

工程2で、卵をしっかり混ぜてなじませることで生地の仕上がりがよくなります。ホットケーキミックスを加えたら、粉っぽさがなくなるまでよく混ぜましょう。

材料 **3**つ

ホットケーキミックスで

ふわふわシフォンケーキ

動画はこちら

材料（直径15cmの紙シフォン型1個分）

使うのはコレ！

● ホットケーキミックス … 200g
● 卵 … 1個
● 牛乳 … 140㎖

作り方

1 ボウルにホットケーキミックス、卵、牛乳を入れ、ダマがなくなるまでよく混ぜ合わせる。

2 シフォン型に1の生地を流し入れたら、電子レンジで7～8分加熱する。

3 竹串を刺して生地がついてこなければ完成。粗熱をとったら食べやすい大きさに切り、お好みでホイップクリームを添えて。

POINT

生地を流し入れたら、型ごと3回ほど軽く落として生地をならしましょう。ボウルに生クリーム50㎖とグラニュー糖5gを入れてとろとろにゆるくホイップし、シフォンケーキにかけてもおいしいです。

材料 **4**つ

バターも生クリームも不要！

ヨーグルトケーキ

動画は
こちら

材料（直径10cmのココット皿2個分）

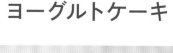

● ヨーグルト（オイコス／市販）
　… 2個（110g×2）
● 卵 … 1個
● グラニュー糖 … 50g
● 小麦粉 … 10g

使うのは
コレ！

作り方

1　ボウルにヨーグルトとグラニュー糖を入れて混ぜ
　たら、卵を割り入れてさらに混ぜる。

2　小麦粉をふるい入れて混ぜたら、ココット皿に流
　し入れる。

3　電子レンジで1分加熱したら一度取り出し、表面
　のボコボコが落ち着いたら再度電子レンジで1分
　加熱する。

4　粗熱をとり、冷蔵庫で冷やしたら完成。

POINT

工程1で、卵を割り入れたら卵白のかたまりが残らないようによく混ぜ合わせてください。かたまりが残っている
と加熱ムラの原因になります。電子レンジで加熱する前に3回ほど軽く落として、中の空気を抜きましょう。

材料 **4**つ

電子レンジで2分！

ロールケーキ

動画は
こちら

材料（15cm×10cm×5cmの保存容器1個分）

- ホットケーキミックス … 30g
- 卵 … 1個
- 生クリーム … 100㎖
- グラニュー糖 … 30g

使うのは
コレ！

POINT

耐熱保存容器は長方形のものを使用して
います。工程6で、スポンジを巻いていく
ときは、割れないようにゆっくり丁寧に丸
めてください。

作り方

1 卵を卵黄と卵白に分けたら、ボウルに卵白とグラ
ニュー糖20gを入れて泡立て、メレンゲを作る。

2 ボウルに卵黄を入れて溶き、1のメレンゲを少し
加えて混ぜ合わせたら、残りのメレンゲを加えて
さっくり混ぜ合わせる。

3 ホットケーキミックスをふるい入れ、さっくり混ぜ
る。

4 耐熱保存容器にクッキングシートを敷き、3を流
し入れたら電子レンジで2分加熱し、粗熱をとる。

5 ボウルに生クリームとグラニュー糖10gを入れて
泡立て、4のスポンジに塗る。

6 スポンジをゆっくり巻いてラップで包み、冷蔵庫
で冷やしてなじませる。食べやすい大きさに切っ
たら完成。

材料 **4** つ

見た目豪華な

スコップケーキ

材料 （15cm×15cm×6cmのスクエア型1個分）

使うのは
コレ！

- ホットケーキミックス … 50g
- お好みのフルーツ … 適量
- 卵 … 2個
- ホイップ（しぼるだけホイップ／市販）… 1本（250㎖）〜

作り方

1　卵を卵黄と卵白に分けたら、ボウルに卵白を入れて泡立て、メレンゲを作る（お好みで
グラニュー糖10gを加える）。

2　別のボウルに卵黄を入れて溶き、ホットケーキミックスを加えてよく混ぜる。

3　1のメレンゲを少し加えて混ぜ合わせたら、残りのメレンゲを加えてさっくり混ぜる。

4　クッキングシートを敷いたスクエア型に3を流し入れ、電子レンジで3〜4分加熱した
ら、粗熱をとって横半分に切る。

5　型にスポンジ1枚を入れ、その上にホイップを絞り、カットしたフルーツをのせる。

6　その上にホイップを絞り、もう1枚のスポンジをのせ、残りのホイップを絞って表面を
平らにする。上にフルーツを飾ったら完成。

POINT

工程2で、卵黄にグラニュー糖30gを混ぜると、スポンジがよりおいしく仕上がります。フルー
ツは水分をきちんと拭き取ってから使ってください。

動画は
こちら

材料**4**つ

卵もバターも使わない

二次元ケーキ

動画は
こちら

材料 （直径12cmのシリコン丸型1個分）

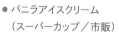

使うのは
コレ！

- ホットケーキミックス … 200g
- バニラアイスクリーム
  （スーパーカップ／市販）
  … 1個（200㎖）
- ホイップ（しぼるだけホイップ／市販）
  … 1本（250㎖）
- チョコペン（黒）… 1本

作り方

1 耐熱ボウルにバニラアイスクリームを入れ、電子
  レンジで2分加熱して溶かす。

2 1をよく混ぜたら、ホットケーキミックスを加えてさ
  らに混ぜ、丸型に流し入れる。

3 電子レンジで2を5分加熱したら粗熱をとり、横
  半分に切る。

4 3のスポンジ1枚の上にホイップを塗り広げる。
  その上にもう1枚のスポンジをのせ、全体にホイ
  ップを塗る。

5 4をカットし、お湯で温めたチョコペンで輪郭をな
  ぞったら完成。

POINT

工程2で、ホットケーキミックスを加えたら、ダマがなくなるまでよく混ぜ合わせましょう。加熱する前には、型
をトントンと軽く落として空気を抜いてください。竹串を刺して生地がついてこなければスポンジの完成。

材料 **3**つ

バナナの風味が香る

バナナケーキ

材料 （直径12cmのシリコン丸型1個分）

- ● ホットケーキミックス … 100g
- ● バナナ … 2本
- ● 牛乳 … 50㎖

使うのは
コレ！

作り方

1　ボウルにバナナ1本を入れ、フォークでつぶす。

2　牛乳を加えて混ぜ合わせ、ホットケーキミックスを加えてさらに混ぜ合わせたら、丸型に流し入れる。

3　バナナ1本を輪切りにして2にのせ、電子レンジで5分加熱する。

4　粗熱をとり、食べやすい大きさに切ったら完成。

POINT

ホットケーキミックスを加えたら、粉っぽさがなくなるまでよく混ぜ合わせましょう。ダマにならないようによく混ぜたら型に流し入れ、トントンと軽く落として空気を抜いてから加熱を。

材料**3**つ

秋の味覚を手軽に

さつまいもモンブラン

材料 （2個分）

- マフィン（市販）… 2個
- さつまいも … 200g
- プリン（なめらかプリン／市販）… 100g

作り方

1 さつまいもをラップで包み、電子レンジで5分加熱する。
2 1のさつまいもを1cm幅に切り、竹串で皮をむく。
3 2をフォークでつぶし、濾し器で濾す。
4 ボウルに3とプリンを入れてよく混ぜ、絞り袋に入れる。
5 マフィンの上部1/3を切り落とし、4を形よく絞ったら完成。

POINT

さつまいもはしっとりしたタイプのものを選ぶと、しっとりなめらかに仕上がります。工程3で、さつまいもを濾し器で濾して繊維を取り除くことで、よりなめらかなクリームになります。

動画は
こちら

材料 **4**つ

百均カップでカフェ風
チョコカップケーキ

材料（直径5.5cm×4cmの紙カップ4個分）

使うのは
コレ！

- ホットケーキミックス … 150g
- チョコレート … 100g
- 卵 … 2個
- サラダ油 … 20g

作り方

1 耐熱ボウルに細かく割ったチョコレートとサラダ油を入れ、電子レンジで1分加熱したら混ぜる。

2 卵を1個ずつ割り入れて都度混ぜ、さらにホットケーキミックスを加えてよく混ぜる。

3 紙カップに2の生地を1/3の高さまで流し入れ、表面を平らにしたら、電子レンジでひとつずつ1分加熱する。

4 粗熱をとったら完成。お好みでホイップを絞り、溶かしたチョコレートをかけても美味。さらに砕いたチョコレートをかければカフェ仕様に。

POINT

チョコレートが好きな人は、工程3で生地内にチョコレートをさらに追加して入れても◎。生地はふくらむので、紙カップに入れる際は、カップの1/3の高さを目安にしてください。

動画は
こちら

材料 **4**つ

おうちカフェにぴったり

オレオカップケーキ

動画は
こちら

材料 （直径5cm×6cmの紙カップ4個分）

- クリームサンドココアクッキー
  （オレオ／市販）… 12枚
- ホットケーキミックス … 100g
- ホイップ（しぼるだけホイップ／市販）
  … 1本（250㎖）
- 水 … 100㎖

使うのは
コレ！

作り方

1 耐熱ボウルにクッキーを入れて細かく砕いたら、
  水を加えてよく混ぜる。
2 ホットケーキミックスを加えて混ぜ、紙カップに
  1/3の高さまで流し入れる。
3 電子レンジで2分加熱したら、粗熱をとる。
4 3の上にホイップを絞り、お好みで半分に割った
  クッキーを飾ったら完成。

POINT

オレオは細かく砕いてから水を加え、バニラクリームが見えなくなるまでよく混ぜれば、仕上がりもよくなります。
ホイップクリームを生クリームから作る場合は、生クリーム200㎖とグラニュー糖20gで。

材料 **4**つ

ふわっともちもち

揚げないドーナツ

動画は
こちら

材 料（シリコンドーナツ型／6個分）

使うのは
コレ！

- ホットケーキミックス
  … 100 g
- 卵 … 1個
- 牛乳 … 50 ㎖
- バター（無塩）… 適量

作り方

1　ボウルにバター以外のすべての材料を入れ、よく
　混ぜ合わせる。

2　ドーナツ型に溶かしたバターを薄く塗り、1の生
　地を型の半分まで流し入れる。

3　電子レンジで2〜3分加熱し、粗熱をとったら完
　成。

POINT

シリコンのドーナツ型は百均ショップで買
いました。加熱すると生地がふくらむので、
流し入れるときは型の半分の量を目安にし
てください。

材料 **3**つ

しっとりふわふわの幸せ食感

蒸しパン

動画は
こちら

材料（直径12cmの耐熱ボウル1個分）

- ホットケーキミックス
  … 100g
- 卵 … 1個
- ヨーグルト（無糖）… 100g

使うのは
コレ！

作り方

1 ボウルにホットケーキミックスとヨーグルトを入れて混ぜる。

2 卵を割り入れてさらに混ぜたら耐熱ボウルに流し入れ、電子レンジで3分加熱する。

3 粗熱をとり、食べやすい大きさに切ったら完成。

POINT

生地はダマや粉っぽさがなくなるまでしっかり混ぜ合わせましょう。加熱前にボウルごとトントンと軽く落とし、生地をならしてください。

材料 **3**つ

卵なし、小麦粉なしで

米粉蒸しパン

動画は
こちら

材料（10cm×10cm×5cmの保存容器1個分）

- 米粉 … 100g
- 牛乳 … 100㎖
- ベーキングパウダー … 5g

使うのは
コレ！

作り方

1 ボウルに米粉とベーキングパウダーを入れて混ぜる。

2 牛乳を加えて混ぜ、耐熱保存容器に流し入れる。

3 電子レンジで3分加熱したら粗熱をとり、食べやすい大きさに切ったら完成。

POINT

生地はダマがなくなるまでよく混ぜましょう。耐熱保存容器に入れたら表面をできるだけ平らにし、ムラのないように加熱するのがおいしく仕上げるポイントです。

材料 **4** つ

甘〜い香りが至福

シナモンロール

材料 （6個分）

- ホットケーキミックス … 200g
- バター（無塩）… 50g
- 牛乳 … 80㎖
- シナモンシュガー … 5g

作り方

1　耐熱ボウルにバターを入れ、電子レンジで1分加熱して溶かす。

2　ホットケーキミックスと牛乳を加え、よく混ぜ合わせる。

3　打ち粉をして2の生地を薄く長方形に伸ばし、シナモンシュガーを全体に振る。

4　生地を端から巻いて6等分にカットし、形を整える。

5　耐熱皿にクッキングシートを敷き、4を並べる。

6　電子レンジで2〜3分加熱し、粗熱をとったら完成。

POINT

シナモンシュガーを手作りする場合は、溶かしバター20g、グラニュー糖50g、シナモン5gを混ぜ合わせて生地に塗ってください。粉糖30gと水小さじ1/2を混ぜてアイシングを作り、最後にかけたら本格的な仕上がりに。

動画は
こちら

材料 **1**つ

超ヘルシー！罪悪感ゼロの
豆腐チップス

動画は
こちら

材料 （2～3人分）

● 木綿豆腐 … 200g

作り方

1 豆腐をキッチンペーパーで包み、電子レンジで5
　分加熱したら粗熱をとる。
2 縦半分に切ったらさらに5mm幅に切り、クッキン
　グシートを敷いた耐熱皿に並べ、電子レンジで5
　分加熱する。
3 裏返して再度電子レンジで5分加熱する。
4 しっかり粗熱をとったら完成。お好みで塩などで
　味つけをする。

POINT

とにかく水分をしっかりきることが大切。豆腐はできるだけ薄めに切って、両面ムラなく加熱しましょう。焦げて
しまう場合もあるので、様子を見ながら加熱してください。

材料 **2**つ

バニラの風味がおいしい

ソフトクッキー

動画は
こちら

材料（10〜15個分）

- ● ホットケーキミックス … 100g
- ● バニラアイスクリーム
  （スーパーカップ／市販）… 50㎖

作り方

1 耐熱ボウルにバニラアイスクリームを入れ、電子
  レンジで1分加熱して溶かす。
2 ホットケーキミックスを加えてよく混ぜる。
3 生地を10〜15等分にし、丸く形を整えたらクッ
  キングシートを敷いた耐熱皿にのせる。
4 スプーンなどで表面を平らにし、電子レンジで2
  分加熱する。しっかり粗熱をとったら完成。

POINT

アイスクリームはしっかり溶かしてから、ホットケーキミックスを加えましょう。ひとかたまりになるまでよく混ぜ、
工程4で加熱した後はよく冷まして生地を固めてください。

材料 **4**つ

サクッホロッの
簡単スノーボール

動画は
こちら

材料（20個分）

- 小麦粉 … 100g
- グラニュー糖 … 40g
- 粉糖 … 適量
- サラダ油 … 40g

作り方

1 ボウルに小麦粉とグラニュー糖を入れてよく混ぜる。
2 サラダ油を加えて混ぜ、ひとかたまりにする。
3 ラップを広げて生地をのせ、棒状に形を整える。
4 1〜1.5cm幅にカットしたら、丸く形を整える。
5 耐熱皿に4をのせ、電子レンジで3分加熱したら粗熱をとる。
6 しっかり粗熱がとれたら、粉糖をまぶして完成。

POINT

お好みでココアのスノーボールも作ってみてください。その場合、工程1で半量に分け、片方にココアパウダー5gを加えて、工程2ではサラダ油を半分ずつ加えてください。

材料**2**つ

卵もバターもなし！材料2つで

チョコクッキー

動画は
こちら

材料 （6個分）

- 小麦粉 … 100g
- チョコレート … 150g

作り方

1 耐熱ボウルに細かく割ったチョコレートを入れ、電子レンジで2分加熱したらよく混ぜる。

2 小麦粉を加えてさらによく混ぜる。

3 生地を6等分にして丸め、耐熱皿にのせる。

4 スプーンなどで表面を平らにし、電子レンジで5分加熱する。しっかり粗熱をとったら完成。

POINT

工程1では、ダマがなくなるまでよく混ぜてください。お好みで、砕いたチョコレートをクッキー生地に入れて混ぜれば、チョコチップクッキーに。加熱時は焦がさないように、様子を見ながら加熱してください。

材料 **4**つ

とろとろなめらか

濃厚プリン

材料 （マグカップ1個分）

- 卵 … 1個
- 牛乳 … 100㎖
- グラニュー糖 … 45g
- バニラエッセンス … 2〜3滴

使うのは
コレ！

作り方

1 耐熱マグカップにグラニュー糖15gと水小さじ1（分量外）を入れて混ぜる。

2 電子レンジで2分加熱する（カラメル色になるまで加熱する）。

3 水小さじ1（分量外）を加えてよく混ぜたら（はねる場合があるので火傷に注意）、冷蔵庫で冷やす。

4 ボウルに卵、牛乳、グラニュー糖30gを入れてよく混ぜ合わせたら、バニラエッセンスを加えて混ぜる。

5 しっかり冷えた3のカラメルの上に4の卵液を濾しながら入れ、電子レンジで2分加熱する。

6 粗熱をとり、ラップをして冷蔵庫で冷やしたら完成。

POINT

工程5で、卵液を入れるときは、濾しながら入れましょう。とろとろのなめらかな仕上がりになります。カラメルはしっかり冷やし固めてから卵液を入れてください。

動画は
こちら

材料 **3**つ

スーパーカップと片栗粉で

わらびもち

動画は
こちら

材料（10cm×10cm×5cmの保存容器1個分）

- 片栗粉 … 30g
- バニラアイスクリーム
  （スーパーカップ／市販）
  … 1個（200㎖）
- きな粉 … 適量

使うのは
コレ！

作り方

1 耐熱ボウルにバニラアイスクリームを入れ、電子レンジで2分加熱して溶かす。

2 片栗粉を加えてよく混ぜ、電子レンジで1分加熱してよく混ぜる。

3 さらに電子レンジで30秒加熱し、かたさを調整する。

4 保存容器に3を流し入れ、冷蔵庫で冷やす。

5 しっかり冷えたらお好みの大きさに切り、きな粉を全体にまぶして完成。

POINT

工程2、工程3では加熱しすぎないよう、少しずつ電子レンジで加熱してください。切るときは、軽く濡らしたナイフで切り分けると作業がしやすいです。きな粉にはグラニュー糖10gを混ぜても◎。

材料 **4**つ

あまったごはんで

みたらし団子

材料（4本分）

- ● ごはん … 150g
- ● 片栗粉 … 50g
- ● しょうゆ … 10㎖
- ● はちみつ … 50g

作り方

1 ボウルにごはんを入れてつぶし、片栗粉を加えてよく混ぜる。

2 1を16等分にして丸め、沸騰した湯で2〜3分ゆでる。

3 ゆで上がったら水にとって冷やし、竹串に4個ずつ刺す。

4 耐熱ボウルにしょうゆとはちみつを入れて混ぜ、電子レンジで2分加熱したら混ぜる。

5 軽く粗熱をとり、3にかけたら完成。

POINT

ごはんがあまったら、ぜひ作ってみてください。冷たいごはんでもおいしく仕上がります。工程1では、できるだけごはん粒が残らないようによくつぶしましょう。

材料 **3**つ

心も体もあったまる

ホットチョコレート

動画は
こちら

材料 （2人分）

- チョコレート … 100g
- 牛乳 … 300㎖
- 片栗粉 … 10g

作り方

1 耐熱ボウルに細かく割ったチョコレートを入れる。

2 別のボウルに牛乳20㎖と片栗粉を入れ、混ぜて片栗粉を溶かす。

3 1に牛乳280㎖を加え、電子レンジで3分加熱したら混ぜ合わせる。

4 3に2を加えてよく混ぜ、電子レンジで2〜3分加熱したらさらによく混ぜる。

5 マグカップに4を注ぎ入れたら完成。お好みで泡立てた生クリームをのせると見た目も華やかに。

POINT

工程5で泡立てた生クリームを添えるなら、生クリーム100㎖とグラニュー糖20gを合わせて、ゆるく泡立ててください。「しぼるだけホイップ」を使っても◎。

フライパンで

ホットケーキを分厚く、フレンチトーストをふわっと。

少しの工夫でフライパンで作るお菓子がおいしくなります。

材料 **2**つ

卵とグラニュー糖だけ!

ふわっふわスフレパンケーキ

材料 （直径20cmのフライパン使用／1個分）

● 卵 … 2個
● グラニュー糖 … 30g

作り方

1 卵を卵黄と卵白に分けたら、ボウルに卵白を入れて泡立て、メレンゲを作る。
2 別のボウルに卵黄とグラニュー糖を入れて混ぜたら、1のメレンゲを少し加えて混ぜ合わせる。
3 なじんだら、残りのメレンゲを加えてさっくり混ぜる。
4 フライパンにサラダ油少々(分量外)を薄く塗って弱火にかけ、3を流し入れたらふたをして3〜5分蒸し焼きにする。
5 端に寄せながら半分に折り、ふたをして軽く焼く。
6 裏返して軽く焼き、中に火が通ったら完成。

POINT

メレンゲはかために仕上げると、ふわっふわの焼き上がりになります。卵黄と混ぜ合わせるときは、混ぜすぎないようさっくりと。焦げやすいので、焼いているときは目を離さないように。

動画は
こちら

材料 **4**つ

オーブンも型も不要！

フライパンでショートケーキ

材料（18cm×13cmの卵焼き器使用）

- ホットケーキミックス … 50g
- いちご … 適量
- 卵 … 2個
- ホイップ（しぼるだけホイップ／市販）… 1本（250㎖）

作り方

1 卵を卵黄と卵白に分けたら、ボウルに卵白を入れて泡立て、メレンゲを作る。
2 別のボウルに卵黄を入れて溶き、1のメレンゲを少し加えて混ぜ合わせる。
3 なじんだら、残りのメレンゲを加えてさっくり混ぜる。
4 ホットケーキミックスを加え、さらにさっくり混ぜる。
5 フッ素樹脂加工の卵焼き器に4を流し入れて弱火にかけ、ふたをして5分蒸し焼きにする。
6 裏返して1～2分焼いたら、ケーキクーラーにのせて粗熱をとる。
7 いちごをスライスし、6のスポンジは半分に切る。
8 スポンジ1枚の上にホイップを塗ったらいちごをのせ、さらにホイップを塗り、もう1枚のスポンジをのせる。
9 全体にホイップを塗ったら、いちごをトッピングして完成。

POINT

卵焼き器がなければ、フライパンでスポンジを焼き上げてもOK！
長方形になるようにスポンジをカットして、いちごとホイップを重ねるだけ。フルーツはお好みで。

材料 **3**つ

超濃厚！まるで市販品

チョコテリーヌ

材料 （18cmのパウンド型1個分）

- チョコレート … 100g
- 卵 … 2個
- バター（無塩）… 100g

使うのは
コレ！

作り方

1 耐熱ボウルに細かく割ったチョコレートとバターを入れ、電子レンジで2分加熱してよく混ぜ合わせる。

2 卵を1個ずつ割り入れ、都度よく混ぜ合わせる。

3 クッキングシートを敷いたパウンド型に2を流し入れる。

4 フライパンに水適量を入れて火にかけ、ふつふつとしてきたら3を型ごと入れてアルミホイルをかぶせる。

5 ふたをし、弱火で30分蒸し焼きにする。

6 中がプルプルの状態になったら取り出して粗熱をとり、冷蔵庫で3時間冷やす。

7 しっかり冷やしたら、食べやすい大きさに切り分けて完成。

POINT

生地は、卵を加えてからよく混ぜ合わせてください。型に生地を流し入れたら、トントンと軽く落として中の空気を抜き、平らにします。工程5では、沸騰しすぎないよう火加減に注意を。

材料 **4**つ

ちょっとしたひと工夫で
分厚いホットケーキ

動画は
こちら

材料 （2枚分）

- ホットケーキミックス … 150g
- 卵 … 1個
- 牛乳 … 80㎖
- バター（無塩）… 30g

作り方

1 ボウルにバター以外のすべての材料を入れて混ぜる（生地を持ち上げながら混ぜ、少しダマが残るくらいまで）。
2 フライパンにバター10gを弱火で温め、溶けたら1を半量流し入れ、ふたをして蒸し焼きにする。
3 片面が焼けたら裏返し、ふたをして弱火で蒸し焼きにする。同様にしてもう1枚焼く。
4 竹串を刺して生地がついてこなければ焼き上がり。皿に盛り、バター10gをのせたら完成。

POINT

生地は混ぜすぎないように気をつけてください。焼くときはふたをして全体に均一に火を入れること。ふっくらとふくらみ、きれいな焼き色がついたら裏返しましょう。

材料**3**つ

切りもちで作る！

サクもちドーナツ

動画はこちら

材料 （12個分）

- ● ホットケーキミックス … 200g
- ● 切りもち … 2個
- ● 水 … 100㎖

作り方

1 耐熱ボウルに細かく切った切りもちと水を入れ、電子レンジで3分加熱したらよく混ぜる。

2 さらに電子レンジで3分加熱してよく混ぜたら、ホットケーキミックスを加えてよく混ぜる。

3 12等分にして丸く形を整え、150～160℃の揚げ油適量（分量外）できつね色になるまで揚げたら完成。

POINT

工程2で、切りもちのダマがなくなるまでよく混ぜたら、ホットケーキミックスを加えて粉っぽさがなくなるまでしっかり混ぜてください。揚げるときは中まで火が通るように、低めの温度でじっくりと。

材料**4**つ

中はとろ〜リ、外はサクッ

カスタードクリームドーナツ

材料 （4〜5個分）

- 丸パン … 4〜5個
- バニラアイスクリーム（スーパーカップ／市販）… 1個（200㎖）
- 小麦粉 … 大さじ1
- グラニュー糖 … 適量

作り方

1　耐熱ボウルにバニラアイスクリームを入れ、電子レンジで1分加熱して溶かす。

2　別のボウルに小麦粉と1を少し入れて混ぜ、1に戻し入れてよく混ぜる。

3　電子レンジで2を2分加熱してよく混ぜ、カスタードクリームを作る。

4　ラップで3を包み、冷蔵庫で1〜2時間冷やす。

5　150℃の揚げ油適量（分量外）で丸パンを揚げ、油をきったらグラニュー糖をまぶす。

6　冷やした4のカスタードクリームをほぐし、絞り袋に入れる。

7　5の側面に菜箸で穴を少しあけて中に空洞を作り、6を絞り入れたら完成。

POINT

工程2で、バニラアイスクリームと小麦粉を混ぜ合わせるときは、
少量のアイスを先に混ぜて小麦粉をなじませておきましょう。パン
はふかふかしたやわらかいパンを選んで。クリームを絞り入れると
きは少しあふれるくらいまでたっぷりと。

動画は
こちら

材料 **3**つ

もっちもちの食感が◎

ポンデリング

材料 （6個分）

- ホットケーキミックス … 150g
- 白玉粉 … 50g
- 絹ごし豆腐 … 200g

作り方

1 ボウルに水気をきった豆腐を入れてよく混ぜ、白玉粉を加えてさらに混ぜる。
2 ホットケーキミックスを加えてよく混ぜ、48等分にする。
3 手にサラダ油少々（分量外）をつけて生地を丸め、8個ずつを円になるようにつなぎ合わせる。
4 150℃の揚げ油適量（分量外）で3を揚げる。両面がきつね色になったら完成。

POINT

揚げていると生地が離れやすいので、クッキングシートにのせて、クッキングシートごとやさしく揚げるとうまくいきます。崩れやすいので、丁寧に、やさしく扱ってください。

動画は
こちら

材料**2**つ

子どもも大好き！

もちもちバナナドーナツ

動画は
こちら

材料（8個分）

- ホットケーキミックス … 200g
- バナナ … 1本

作り方

1 ボウルにバナナを入れてフォークでよくつぶし、ホットケーキミックスを加えて混ぜ、ひとかたまりにする。

2 生地を8等分にし、丸く形を整える。

3 160℃の揚げ油適量（分量外）で2を揚げ、全体がきつね色になったら油をきる。竹串を刺して生地がついてこなかったら完成。

POINT

甘味が欲しいなら、揚げた後のドーナツにグラニュー糖をたっぷりまぶして。油をきりすぎるとグラニュー糖がつきにくいので要注意。

材料 **3** つ

お店レベルの

クリームドーナツ

動画は
こちら

材料（4個分）

- 薄皮クリームパン（市販）… 4個
- 生クリーム … 100㎖
- グラニュー糖 … 適量

作り方

1 150℃の揚げ油適量（分量外）でクリームパンを揚げる。
2 油をきり、グラニュー糖適量をまぶす。
3 ボウルに生クリームとグラニュー糖10gを入れ、ツノが立つまで泡立てたら、絞り袋に入れる。
4 2の側面に菜箸で穴を少しあけて中に空洞を作り、3のクリームを絞り入れたら完成。

POINT

生クリームはツノが立つまでしっかり泡立ててふわふわに。クリームパンは焦げないように、低温で慎重に揚げましょう。パンのまわりにグラニュー糖をまぶすとお店仕様に。

材料 **4**つ

天ぷら粉で

サーターアンダギー

動画は
こちら

材料 (6個分)

- 天ぷら粉 … 150g
- 卵 … 1個
- 牛乳 … 20㎖
- グラニュー糖 … 50g

作り方

1 ボウルに天ぷら粉とグラニュー糖を入れ、よく混ぜ合わせる。
2 卵を割り入れたらさっくり混ぜ、牛乳を加えて練り合わせ、ひとかたまりにする。
3 生地を6等分にし、丸く形を整える。
4 160℃の揚げ油適量（分量外）で3を揚げ、全体がきつね色になったら油をきる。竹串を刺して生地がついてこなかったら完成。

POINT

生地が丸めにくいときは、手に少量のサラダ油をつけると作業がしやすいです。フライパンの底にドーナツが当たる場合は、頻繁に転がして全体をきつね色に揚げましょう。

材料 **2**つ

ホットケーキミックスと豆腐だけ！

サクサクスコーン

動画は
こちら

材料 （6個分）

- ホットケーキミックス … 200g
- 絹ごし豆腐 … 100g

作り方

1 ボウルにホットケーキミックスと水気をきった豆腐を入れ、よく混ぜ合わせる。
2 ひとかたまりにしたら6等分にし、丸く形を整える。
3 フライパンにクッキングシートを敷いて2を並べ、ふたをして弱火で10分、裏返して5分焼く。
4 両面に焼き色がついたら粗熱をとって完成。

POINT

工程2で6等分にするときは、ひとかたまりにした後に平たい円にし、ピザをカットする要領で6等分に放射線状にカットしてもOK。焼くときは焦がさないように注意を。

材料**4**つ

たっぷりの練乳クリームが絶妙

マリトッツォ

動画は
こちら

材料 （3個分）

- 丸パン … 3個
- 生クリーム … 200㎖
- 練乳 … 30g
- グラニュー糖 … 適量

作り方

1 150℃の揚げ油適量（分量外）で丸パンを揚げ、横半分に切り込みを入れたら表面にグラニュー糖をまぶす。

2 ボウルに生クリームと練乳を入れて泡立て、絞り袋に入れる。

3 1の切り口に2のクリームを絞り、表面をならしたら完成。

POINT

丸パンを横半分に切るときは、完全に切り落とさずに一部つなげたままに。トッピングで、クリームの表面に砕いたオレオやアーモンドをまぶしても美味。アレンジを楽しんで。

材料 **3**つ

食パンの耳が主役になる

クイニーアマン

動画は
こちら

材料（4個分）

- 食パンの耳（8枚切り）… 8本
- バター（無塩）… 30g
- グラニュー糖 … 50g

作り方

1 食パンの耳を麺棒で薄く伸ばす。

2 1の食パンの耳を2本つなげて端から丸め、巻き終わりを楊枝でとめる。

3 フライパンにバターを入れて弱火にかけ、ふつふつとしてきたら2を入れて両面焼く。

4 きつね色になったらバットに上げる。

5 別のフライパンにグラニュー糖を入れて弱火にかけ、溶けてカラメルになったら4を加えて全体に絡める。

6 バットに上げて粗熱をとったら完成。

POINT

食パンの耳はあまったものを使うと一石二鳥。カラメルを絡めたらしっかり粗熱をとり、カチカチになるまでかためると、より本格的なクイニーアマンに近づきます。

材料 **4**つ

浸し時間を短縮！

分厚いフレンチトースト

材料 （1人分）

- 食パン（5枚切り）… 2枚
- 卵 … 2個
- 牛乳 … 200㎖
- グラニュー糖 … 30g

作り方

1　食パンの耳を切り落とす。
2　ボウルに卵を割り入れてよく溶きほぐし、グラニュー糖を加えてよく混ぜる。
3　牛乳を加えてさらによく混ぜる。
4　耐熱皿に食パンを1枚置いて3をかけたら、もう1枚の食パンを重ねてさらに3をかけ、全体によく染み込ませる。
5　電子レンジで4を30秒加熱したら、裏返してさらに電子レンジで30秒加熱する。
6　フライパンにサラダ油適量（分量外）を熱し、5を焼く。両面がきつね色に焼けたら完成。

POINT

切り落とした耳はラスクやクイニーアマンにして活用を。工程5で、電子レンジで加熱することで卵液が早く染み込みます。フライパンで焼くときは、バターで焼くとより風味よく仕上がります。お好みで、バターとメープルシロップをトッピングしても◎。

動画は
こちら

材料 **4**つ

バターなし！

しっとりバームクーヘン

動画はこちら

材料 （18cm×13cmの卵焼き器使用）

- ホットケーキミックス … 200g
- 卵 … 2個
- 牛乳 … 150mℓ
- サラダ油 … 50g

下準備
卵焼き器の横幅に合わせてアルミホイル
を直径1cmほどの棒状にする。

作り方

1 ボウルに卵を割り入れてよく溶きほぐし、サラダ油を加えてよく混ぜる。

2 牛乳を加えて混ぜ、さらにホットケーキミックスを加えてよく混ぜる。

3 卵焼き器にサラダ油少々（分量外）を薄く塗って弱火にかけ、2を薄く伸ばして焼き、棒状にしたアルミホイルを生地の上にのせて端から丸めて巻きつける。

4 3を何度か繰り返して焼き終えたら、ラップで包んで粗熱をとる。お好みの大きさに切り分けたら完成。

POINT

焼き上げたら、ラップで包んで粗熱をとりしっとりさせます。お好みで、断面にグラニュー糖をまぶし、火であぶったスプーンでなでてキャラメリゼを。

材料 **4**つ

ホットケーキミックスで簡単

本格どら焼き

動画は
こちら

材料 （2個分）

- ホットケーキミックス … 150g
- つぶあん … 適量
- 卵 … 2個
- はちみつ … 30g

作り方

1 ボウルにホットケーキミックスと卵を入れてよく混ぜたら、はちみつを加えてさらに混ぜる。

2 弱火で熱したフライパンの底を濡れ布巾の上で冷ましたら、サラダ油少々（分量外）を薄く塗り、1をお玉1杯分丸く流し入れる。

3 弱火で5分焼き、きれいな焼き色がついたら、裏返して3分焼く。同様にして4枚焼く。

4 焼き上がったら、ラップで包んで粗熱をとる。

5 4でつぶあんを挟んだら完成。

POINT

生地を焼くときは、フライパンの温度に細心の注意を払って。焼きムラができないように、生地もよく混ぜ合わせて均一にしておきましょう。焼き上がったらラップで包んでしっとりさせると、上品などら焼きに。

材料 **4**つ

しっとり上品なやさしい味わい

ミルクレープケーキ

材料 （直径20cmのフライパン使用）

- ホットケーキミックス … 200g
- 卵 … 2個
- 牛乳 300㎖
- ホイップ（しぼるだけホイップ／市販）… 1本（250㎖）

作り方

1 ボウルに牛乳と卵を入れてよく混ぜたら、ホットケーキミックスを加えてダマがなくなる
　 までよく混ぜる。
2 フライパンにサラダ油少々（分量外）を薄く塗り、弱火にかけて1をお玉1杯分流し入
　 れ、全体に伸ばして薄く焼く。
3 うっすら焼き色がついたら裏返して焼き、焼き上がったらラップをかけて粗熱をとる。
4 同様にして生地がなくなるまでクレープを焼き、重ねる。
5 粗熱がとれたら、直径15cmのケーキ型の底に合わせて端を切り、丸く形を整える。
6 クレープ1枚の上にホイップを薄く塗り、クレープを重ねる。同様にして繰り返し、交
　 互に重ねる。冷蔵庫でしっかり冷やしたら完成。

POINT

工程5で、丸く形を整える際は、直径15cmのケーキ型の底部
分を使うと便利。フライパンは直径20cmのものを使うとちょうど
いいです。クレープは、根気よく焼き上げてください。

動画は
こちら

材料 **4**つ

食べたら止まらなくなる

キャラメルポップコーン

動画は
こちら

材料（3～4人分）

- ● ポップコーン（豆）… 50g
- ● バター（無塩）… 40g
- ● 牛乳 … 100㎖
- ● グラニュー糖 … 100g

作り方

1 フライパンにサラダ油70g（分量外）とポップコーンを入れ、ふたをして揺らしながら中火にかける。

2 ポップコーンが弾けたら、ボウルに入れる。

3 フライパンにバター、牛乳、グラニュー糖を入れて中火で熱し、キャラメル色になるまで煮詰める。

4 色が変わり、ふつふつとしてきたら2を加え、火を止めて全体に絡める。

5 クッキングシートに4を広げ、粗熱をとったら完成。

POINT

ポップコーンは市販のものを使ってもOK。塩味がきいているので、甘じょっぱい味わいが楽しめます。

材料 **4** つ

あまった食パンの耳でもできちゃう

キャラメルラスク

動画は
こちら

材料（2〜3人分）

- 食パン（6枚切り）… 2枚
- バター（無塩）… 適量
- 牛乳 … 50㎖
- グラニュー糖 … 50g

作り方

1 食パンを1.5cm角に切る。
2 フライパンにバター少々を温め、1を焼く。全体がきつね色になったらボウルに入れる。
3 フライパンにバター20g、牛乳、グラニュー糖を入れて火にかけ、かき混ぜながら煮詰める。
4 白く泡立ってきたら2を加え、全体に絡める。
5 クッキングシートに4を広げ、粗熱をとったら完成。

POINT

キャラメルを絡めた後はくっつきやすいので、クッキングシートに広げてバラしてください。92ページのフレンチトーストで切り落としたパンの耳を使ってもおいしく仕上がります。

材料**4**つ

見た目も味もプロ級！

キャラメルマキアート

材料 （1人分）

- コーヒー … 適量
- 生クリーム … 適量
- グラニュー糖 … 50g
- バター (無塩) … 8g

作り方

1 耐熱ボウルに生クリーム50㎖を入れ、電子レンジで1分加熱したら混ぜる。

2 フライパンにグラニュー糖を入れて弱火にかけ、黄色っぽくなるまで加熱する(あまり触らないように)。

3 2に1を加えたら火を止め、素早く混ぜ合わせる。

4 全体がよく混ざったらバターを加えてさらに混ぜ、容器に入れて粗熱をとる。

5 コップに4のキャラメルソース(トッピング用に少量とっておく)、氷適量(分量外)、生クリーム適量、コーヒーの順に入れる。

6 ボウルに生クリーム適量を入れて泡立て、絞り袋に入れて5の上に絞る。仕上げに、キャラメルソースをかけたら完成。

POINT

より本格的に仕上げたいなら、工程1で生クリームを電子レンジで加熱する際に塩1gを加え、工程5の生クリームは牛乳に代えてください。キャラメルソースは焦がさないように気をつけて。

動画はこちら

材料 **3**つ

揚げない！手間なし

大学いも

材料 （3〜4人分）

- さつまいも … 1本
- 黒炒りごま … 少々
- はちみつ … 50g

作り方

1 さつまいもを皮ごと乱切りにし、水に5分浸してアクを抜く。

2 水気をきったらフライパンに入れ、水50〜100㎖（分量外）を加えて弱火にかけ、ふたをして蒸し焼きにする。

3 水分が飛び、さつまいもに火が通ったらはちみつを加えて絡める。

4 黒ごまを全体にまぶしたら完成。

POINT

さつまいもは品種によって仕上がりが異なってきます。お好みでいろいろと試してみてください。

トースターで

手軽に焼き菓子を作りたいならトースターが便利。

本格お菓子があっという間にできあがり。

材料 **4** つ

しっとり濃厚な本格派

バスクチーズケーキ

材料 （直径12cmのケーキ型1個分）

- クリームチーズ … 200g
- 卵 … 2個
- 牛乳 … 100㎖
- グラニュー糖 … 50g

使うのは
コレ！

作り方

1　ボウルに常温に戻したクリームチーズを入れ、よく練ってなめらかにする。

2　グラニュー糖を加えてよく混ぜたら、卵を1個ずつ割り入れて都度よく混ぜる。

3　牛乳を加えてよく混ぜたら、クッキングシートを敷いたケーキ型に流し入れる。

4　トースターで30〜35分焼いたら粗熱をとり、冷蔵庫で6時間以上冷やしたら完成。

POINT

クッキングシートは型に沿わせながら、アバウトにクシャッと敷くと
より本格的な仕上がりに。工程4で、表面に焦げ目がついたらア
ルミホイルをかぶせて焼いてください。しっかり冷やして、レア感
も楽しんで。

動画は
こちら

材料 **4**つ

オーブン不要でお手軽

チーズケーキタルト

材料 （直径15cmのタルト型1個分）

使うのは
コレ！

- クッキー （チョイス／市販） … 150g
- クリームチーズ … 200g
- 卵 … 3個
- グラニュー糖 … 50g

作り方

1 ボウルにクッキーを入れ、コップの底などで細かく砕く。

2 溶いた卵1個を加えてよく混ぜ、ひとかたまりにする。

3 タルト型にサラダ油少々(分量外)を薄く塗り、2を入れて全体に広げて押し固める。

4 トースターで3を10分焼き、粗熱をとる。

5 ボウルに常温に戻したクリームチーズを入れ、よく練ってなめらかにしたらグラニュー糖を加えてよく混ぜる。

6 卵2個を割り入れてよく混ぜ、4のタルトの上に流し入れて表面を平らにする。

7 トースターで6を10〜20分焼いたら、粗熱をとる。

8 冷蔵庫で3時間冷やしたら完成。

POINT

工程3では、タルト生地をしっかり押し固めてください。型の側面に沿って端まで生地を広げるのもきれいに仕上げるコツ。表面が焦げないよう、様子を見ながら焼き時間を調整してください。

動画は
こちら

動画は
こちら

材料 **3**つ

食パンで作れば楽チン♪

揚げないクリームドーナツ

材料 （4個分）

- 食パン（4枚切り）… 4枚
- 生クリーム … 100㎖
- グラニュー糖 … 適量

作り方

1 食パンを大きめのコップなどで丸くくりぬき、サラダ油適量（分量外）を塗って染み込ませる。

2 トースターで1を5分焼き、表面に焼き色がついたら裏返して3分焼く。

3 2の両面にグラニュー糖適量をまんべんなくまぶす。

4 ボウルに生クリームとグラニュー糖10gを入れて泡立て、絞り袋に入れる。

5 3の側面に菜箸で穴を少しあけて中に空洞を作り、4のクリームを絞り入れたら完成。

POINT

工程1で、食パンをくりぬく際、コップをぎゅっと押しつけ、端をきっちりとめるとクリームがあふれ出ません。
パンの耳のぎりぎりまで大きくくりぬくと、クリームがたっぷり入れられます。

動画はこちら

材料 **4**つ

簡単すぎるのに激ウマ

スイートポテト

材料 （12個分）

- さつまいも … 300g
- 卵黄 … 1個分
- 牛乳 … 50㎖
- はちみつ … 50g

作り方

1 さつまいもを1cm幅の輪切りにしたらボウルに入れ、ラップをして電子レンジで5分加熱する。

2 竹串で皮をむき、フォークでつぶす。

3 牛乳を加えてよく混ぜ、はちみつを加えてさらに混ぜ合わせる。

4 濾し器で3を濾してなめらかにし、12等分にして形を整える。

5 クッキングシートを敷いた天板に4を並べたら、溶いた卵黄を表面に薄く塗り、トースターで5分焼く。

6 表面に焼き色がついたら、粗熱をとって完成。

POINT

工程1の加熱時間は、さつまいもの状態を見て調整してください。濾し器でしっかりと濾し、繊維を取り除くとしっとりなめらかな仕上がりになります。この作業は省かず、ひと手間かけて。

材料 **4**つ

バターの芳醇な香り漂う

パウンドケーキ

材料 （18cmのパウンド型1個分）

使うのは
コレ！

- 小麦粉 … 100g
- 卵 … 2個
- バター（無塩）… 100g
- グラニュー糖 … 100g

作り方

1 ボウルに常温に戻したバターを入れ、よく練ってなめらかにする。
2 グラニュー糖を加えて白っぽくなるまで混ぜる。
3 溶いた卵を3回に分けて加え、都度よく混ぜたら小麦粉を加えてさっくり混ぜる。
4 クッキングシートを敷いたパウンド型に3を入れ、表面を平らにする。
5 アルミホイルをかぶせてトースターで10分焼き、表面に少し焼き色がついたら縦に一本切り目を入れる。
6 さらにアルミホイルをかぶせてトースターで20分焼き、きれいな焼き色がついたら粗熱をとる。
7 ラップをして冷蔵庫で1〜2時間冷やしたら完成。

POINT

バターと卵は冷蔵庫から出し、常温に戻しておきましょう。卵を加える際は、分離しないように少量ずつ混ぜていきます。小麦粉を加えたら切るようにさっくり混ぜ合わせて。

動画は
こちら

材料 **4** つ

トースターでスポンジが焼ける

本格ロールケーキ

材料 （1本分）

- 小麦粉 … 50g
- 卵 … 3個
- 生クリーム … 120㎖
- グラニュー糖 … 60g

作り方

1 卵を卵黄と卵白に分けたら、ボウルに卵白を入れて泡立て、メレンゲを作る。

2 別のボウルに卵黄とグラニュー糖50gを入れて混ぜたら、小麦粉を加えて混ぜる。

3 2に生クリーム20㎖を加えて混ぜ、1のメレンゲを少し加えてさらに混ぜる。

4 残りのメレンゲを加えてさっくり混ぜる。

5 クッキングシートを敷いた天板に4を流し入れ、表面を平らにする。

6 トースターで5を10〜15分焼いたら、粗熱をとる。

7 ボウルに生クリーム100㎖とグラニュー糖10gを入れて泡立てる。

8 6のスポンジに7のクリームを塗り広げたら端から巻き、冷蔵庫で1時間冷やしたら完成。

POINT

メレンゲはしっかり泡立て、生地と混ぜ合わせるときはつぶさないように最後にさっくり混ぜ合わせることで、ふわふわのスポンジに焼き上がります。表面が焦げやすいので気をつけて。巻くときはやさしく慎重に。

動画は
こちら

材料 **3**つ

大切な人への贈り物にも◎

本格テリーヌショコラ

材料（18cmのパウンド型1本分）

● チョコレート … 200g
● 卵 … 2個
● 生クリーム … 200㎖

使うのは
コレ！

作り方

1　耐熱ボウルに細かく割ったチョコレートと生クリームを入れ、電子レンジで1〜2分加熱したらよく混ぜ合わせる。

2　溶いた卵を3回に分けて加え、都度よく混ぜ合わせる。

3　クッキングシートを敷いたパウンド型に2を流し入れ、3回ほど軽く落として中の空気を抜く。

4　トースターで3を15〜20分焼いたら、粗熱をとる。

5　冷蔵庫でひと晩冷やし固めたら完成。

POINT

生地をよく混ぜ合わせて焼きムラができないようにしてください。
切り分けるときは、ぬるま湯で濡らした布巾でナイフを軽く温めると、きれいに切れます。

動画は
こちら

材料 **4**つ

食パンだから簡単！

アップルパイ

材料 （4個分）

- 食パン（6枚切り）… 4枚
- りんご … 1個
- 卵 … 1個
- グラニュー糖 … 30g

作り方

1 食パンの耳を切り落とし、麺棒で薄く伸ばす。

2 りんごを8～10等分のくし形切りにし、さらに5mm幅に切る。

3 耐熱ボウルに2とグラニュー糖を入れて混ぜ、電子レンジで5分加熱する。

4 軽く混ぜたら、再度電子レンジで5分加熱する。

5 1の食パンの片側に切り目を4本入れ、りんごをのせて半分に折る。

6 縁をフォークで押さえて閉じ、溶いた卵を表面に塗る。

7 トースターで6を5分焼く。表面にこんがり焼き色がついたら完成。

POINT

りんごを電子レンジで加熱した後、お好みでシナモンパウダーを振ると、本格的なアップルパイに近づきます。パンはできるだけ薄くすれば、食感もパリッとさらにおいしく。

動画はこちら

材料 **3**つ

餃子の皮で作れる

シガレットクッキー

材料 （10本分）

- 餃子の皮 … 10枚
- バター (無塩) … 10g
- グラニュー糖 … 適量

作り方

1 バターは溶かしておく。
2 餃子の皮に1を塗り、グラニュー糖を振る。
3 餃子の皮を端から巻いたら、アルミホイルを敷いた天板にのせてトースターで10分焼く。
4 きつね色になったら、粗熱をとって完成。

POINT

バターを使うことで風味よく仕上がります。餃子の皮はグラニュー糖を振った面を内側にしてくるくると巻きましょう。ほんのりきつね色になるまで焼いてください。焦がさないように注意を。

動画は
こちら

材料 **3**つ

食パンでサックサク！

フロランタン

動画は
こちら

材料 （3～4人分）

- 食パン（8枚切り）… 2枚
- キャラメル（市販）… 30g
- アーモンドスライス … 20g

作り方

1 食パンの耳を切り落とし、トースターで4～5分
   焼く。
2 耐熱ボウルにキャラメルと水10㎖（分量外）を入
   れ、電子レンジで1分加熱したらよく混ぜる。
3 2にアーモンドスライスを加えて混ぜ合わせ、1の
   食パンにのせて広げる。
4 トースターで3を4～5分焼いたら、お好みの大
   きさに切って完成。

POINT

市販のキャラメルを使えば簡単！　電子レンジの加熱時間はキャラメルの溶け具合で調整してください。食パン
の耳はクイニーアマン（P. 91）やキャラメルラスク（P. 99）で活用を。

材料 **3**つ

生地はたくさん作って冷凍を

アイスボックスクッキー

材料（20個分）

- ホットケーキミックス … 100g
- バター（無塩）… 40g
- ココアパウダー … 2g

作り方

1 ボウルに常温に戻したバターを入れ、よく練って なめらかにする。

2 ホットケーキミックスを加えて混ぜる。

3 2の半量にココアパウダーを加えて混ぜる。

4 ラップを広げて生地をのせ、それぞれ棒状に形を 整えたら、冷蔵庫で2時間冷やす。

5 1cm幅に切り分け、アルミホイルを敷いた天板 に並べる。

6 アルミホイルをかぶせ、トースターで10分焼く。 しっかり粗熱をとったら完成。

POINT

ココアパウダー以外に、アールグレーの茶葉や抹茶パウダーを入れてもおいしく仕上がります。焼く前に生地を しっかり冷やすことでサクサクの食感に。焼き上がったらしっかり粗熱をとりましょう。

材料 **3**つ

ロどけがうれしい

ホワイト生チョコサンドクッキー

材料（6個分）

使うのは
コレ！

- 小麦粉 … 50g
- ホワイトチョコレート … 200g
- 生クリーム … 30㎖

作り方

1 耐熱ボウルに細かく割ったホワイトチョコレート100gと生クリームを入れ、電子レンジで1分加熱したらよく混ぜ合わせる。

2 クッキングシートを敷いたバットに1を流し入れて伸ばし、表面を平らにしたら、冷蔵庫で2時間冷やし固める。

3 耐熱ボウルに細かく割ったホワイトチョコレート100gを入れ、電子レンジで1分加熱したら混ぜる。

4 小麦粉を2回に分けてふるい入れ、よく混ぜ合わせる。

5 別のバットに4の生地を広げて伸ばし、ラップをして冷蔵庫で10分冷やす。

6 5を正方形に12等分に切り分け、クッキングシートを敷いた天板にのせる。トースターで5分焼き、粗熱をとる。

7 2の生チョコが固まったら、6のサイズに合わせて切る。

8 6のクッキーで7の生チョコを挟んだら完成。

POINT

工程7で、生チョコを切り分けるときは、縁の形を整えてから正方形にカットしてください。クッキーで挟むときは、クッキーの粗熱をしっかりとってから。

動画は
こちら

材料 **3**つ

懐かしい給食の味

揚げないサクふわ揚げパン

材料 （4個分）

- コッペパン … 4個
- きな粉 … 30g
- グラニュー糖 … 30g

作り方

1 コッペパンにサラダ油大さじ1（分量外）を塗り、全体に染み込ませる。
2 トースターで1を3分焼く。
3 ボウルにきな粉とグラニュー糖を入れてよく混ぜ合わせたら、バットに広げる。
4 2のコッペパンに3をたっぷりまぶしたら完成。

POINT

揚げ油を用意しなくても、トースターを使えば手軽に揚げパンができちゃうレシピ。ココアパウダーとグラニュー糖を合わせてまぶしてもおいしいです。

動画は
こちら

材料 **4**つ

バターがじゅわっとおいしい

塩パン

材料 （6個分）

- 食パン (サンドイッチ用) … 3枚
- 冷凍パイシート … 3枚
- バター (無塩) … 30g
- 岩塩 … 適量

作り方

1 パイシートを常温に戻し、斜め半分に切る。食パンも斜め半分に切る。
2 バターを5gずつに分ける。
3 パイシートの上に食パン、バターの順にのせ、端からくるくると巻く。
4 表面に溶かしバター適量(分量外)を塗り、岩塩を振る。
5 トースターで15～20分焼き、粗熱をとったら完成。

POINT

三角の形に切ったパイシートと食パンを、三角形の底辺の部分から巻いていってクロワッサンの形に整えます。工程5で、焦げそうだったら上にアルミホイルをかぶせて焼いてください。

動画は
こちら

市販のカスタードプリンで

絶品クリームパン

動画は
こちら

材料 **3**つ

材料（4個分）

- 食パン（8枚切り）… 4枚
- カスタードプリン（市販）… 2個
- 小麦粉 … 大さじ1

POINT

市販のプリンを使えば、あっという間に
カスタードクリームのできあがり。108ペ
ージのクリームドーナツに絞り入れても
◎。工程7で焼く前に、表面に溶き卵
を塗ればさらに美味。

作り方

1 耐熱ボウルにカスタードプリンを入れ、よく混ぜて
クリーム状にする。

2 小麦粉を加えてよく混ぜ合わせ、電子レンジで1
分加熱したらさらに混ぜる。

3 再度電子レンジで1分加熱し（お好みの固さにな
るまで繰り返す）、ラップをして冷蔵庫で冷やす。

4 食パンの耳を切り落とし、麺棒で薄く伸ばす。

5 3のカスタードクリームを絞り袋に入れ、4の食パ
ンの上に絞る。

6 食パンを半分に折り、縁をフォークで押さえて閉じ
る。

7 トースターで6を2〜3分、焼き色がつくまで焼い
たら完成。

オーブンで

手をかけて作る焼き菓子も、全部材料は4つまで。

手土産にもできるお菓子ばかりをそろえました。

材料 **4**つ

しっとりプルプル

濃厚バスクチーズケーキ

動画は
こちら

材料（直径12cmのケーキ型1個分）

使うのは
コレ！

- ヨーグルト（無糖）… 100g
- クリームチーズ … 200g
- 卵 … 2個
- グラニュー糖 … 50g

作り方

1　ボウルに常温に戻したクリームチーズを入れ、よく練ってなめらかにする。

2　グラニュー糖を加えてよく混ぜたら、卵を1個ずつ割り入れて都度よく混ぜる。

3　ヨーグルトを加えてよく混ぜたら、クッキングシートを敷いたケーキ型に流し入れる。

4　220℃に予熱したオーブンで3を20分焼いたら、粗熱をとる。

5　冷蔵庫でひと晩冷やしたら完成。

POINT

クリームチーズは常温に戻してから使ってください。とにかくよく生地を混ぜると、プルプルの状態に焼き上がります。カットするときは、温めたナイフを使うときれいに分けられます。

混ぜて焼くだけ

材料 **3**つ

ボウルのままチーズケーキ

動画は
こちら

材料 （直径15cmの耐熱ボウル1個分）

使うのは
コレ！

- クリームチーズ … 200g
- 卵 … 2個
- グラニュー糖 … 50g

作り方

1 ボウルに常温に戻したクリームチーズを入れ、よく練ってなめらかにする。

2 グラニュー糖を加えてよく混ぜたら、卵を1個ずつ割り入れて都度よく混ぜる。

3 耐熱ボウルにサラダ油少々（分量外）を塗り、2を流し入れる。

4 170℃に予熱したオーブンで3を40分焼いたら、粗熱をとる。

5 冷蔵庫で3時間冷やしたら完成。

POINT

生地はダマがなくなるまでよく混ぜましょう。耐熱ボウルにサラダ油を薄く塗ると、焼き上がった後、はがしやすいです。端からナイフを入れて側面をはがしてからお皿にひっくり返しましょう。

材料**4**つ

本格的な味わい

ボウルのままチョコレートケーキ

材料（直径15cmの耐熱ボウル1個分）

使うのは
コレ！

- 小麦粉 … 20g
- チョコレート … 300g
- 卵 … 2個
- 牛乳 … 50㎖

作り方

1 耐熱ボウルに細かく割ったチョコレート200gを入れ、電子レンジで2分加熱したらよく混ぜる。

2 人肌に温めた牛乳を加えてよく混ぜたら、卵を1個ずつ割り入れて都度よく混ぜる。

3 小麦粉を加えてさらによく混ぜる。

4 別の耐熱ボウルにサラダ油少々（分量外）を塗り、3を流し入れる。

5 170℃に予熱したオーブンで4を40分焼いたら、粗熱をとって冷蔵庫で3時間冷やす。

6 耐熱ボウルに細かく割ったチョコレート100gを入れ、電子レンジで2分加熱したらよく混ぜる。

7 よく冷やした5に6をかけてコーティングする。

8 冷蔵庫で1時間冷やしたら完成。

POINT

牛乳は人肌に温めてから加え、チョコレートとよくなじませるように混ぜてください。工程7で、チョコレートでコーティングするときは、ダマがなくなるまでよく混ぜてから。

動画は
こちら

材料 **3**つ

ぷるんぷるんの

プリンチーズケーキ

材料（直径12cmのケーキ型1個分）

使うのは
コレ！

- ホットケーキミックス … 50g
- プリン（プッチンプリン／市販）
  … 3個パック（67g×3）
- クリームチーズ … 200g

作り方

1　ボウルに常温に戻したクリームチーズを入れ、よく練ってなめらかにする。

2　バットにプリンを出し、カラメル部分をすくって耐熱容器に移す。

3　1に2のプリン部分を加えて混ぜ、ホットケーキミックスを加えてさらに混ぜる。

4　クッキングシートを敷いたケーキ型に3を流し入れ、表面を平らにする。

5　160℃に予熱したオーブンで4を40〜45分焼いたら、粗熱をとって冷蔵庫で3時間冷やす。

6　電子レンジで2のカラメル部分を20秒加熱し、よく混ぜてから冷蔵庫で冷やす。

7　5を型から外して皿にのせ、6のカラメルをかけたら完成。

POINT

プリンのカラメルとプリンはきれいに分けてください。ケーキ自体はよく冷やして、工程6のカラメルは冷やしすぎないように注意を。

動画は
こちら

材料**3**つ

メープルシュガーで食べたい！

カステラパンケーキ

材料 （直径15cmのスキレット1個分）

- ホットケーキミックス … 20g
- 卵 … 2個
- グラニュー糖 … 20g

作り方

1 卵を卵黄と卵白に分けたら、ボウルに卵白とグラニュー糖を入れて泡立て、メレンゲを作る。

2 別のボウルに卵黄を入れて溶き、ホットケーキミックスを加えてよく混ぜる。

3 2に1のメレンゲを少し加えて混ぜ合わせたら、残りのメレンゲを加えてさっくり混ぜる。

4 スキレットにサラダ油少々（分量外）を薄く塗り、3の生地を流し入れる。

5 180℃に予熱したオーブンで4を10分焼いたら、表面に十字の切り目を入れる。

6 さらに10分焼いたら完成。

POINT

メレンゲをしっかりかために泡立て、2回に分けて生地と混ぜてください。メレンゲを入れたら混ぜすぎず、さっくりと。工程5で、表面に十字の切り目を入れることで中まで均等に火が通ります。お好みで、メープルシュガーやバターをのせて。

動画はこちら

材料 **4** つ

バター、小麦粉不要！

ショートケーキ

材料 （直径12cmのケーキ型1個分）

使うのは
コレ！

- 片栗粉 … 50g
- 卵 … 2個
- ホイップ（しぼるだけホイップ／市販）… 1本（250ml）
- グラニュー糖 … 50g

作り方

1　卵を卵黄と卵白に分けたら、ボウルに卵白を入れて泡立て、メレンゲを作る。

2　別のボウルに卵黄とグラニュー糖を入れ、白っぽくなるまで混ぜる。

3　2に1のメレンゲを少し加えて混ぜ合わせたら、残りのメレンゲを加えてさっくり混ぜる。

4　片栗粉を加えてさっくり混ぜ合わせる。

5　クッキングシートを敷いたケーキ型に4を流し入れ、180℃に予熱したオーブンで20分焼く。

6　粗熱をとったら、5のスポンジを横3等分に切り分ける。

7　スポンジ1枚の上にホイップを塗り広げ、スポンジとホイップを交互に重ねる。

8　全体にホイップを塗ったら完成。お好みでいちごやブルーベリーなどをトッピングしても◎。

POINT

生地はメレンゲを加えたら、つぶさないようにさっくりと混ぜ合わせてください。焼き上がったらスポンジは均等に切り分けて。フルーツをのせれば、より豪華な見た目になります。

動画は
こちら

材料 **4**つ

バターなしでヘルシー

しっとりヨーグルトケーキ

動画は
こちら

材料（直径12cmのケーキ型1個分）

使うのは
コレ！

- ホットケーキミックス … 100g
- ヨーグルト（無糖）… 200g
- 卵 … 2個
- グラニュー糖 … 50g

作り方

1　ボウルにヨーグルトとグラニュー糖を入れて混ぜ、卵を1個ずつ割り入れて都度よく混ぜる。

2　ホットケーキミックスを加えて混ぜたら、クッキングシートを敷いたケーキ型に流し入れる。

3　180℃に予熱したオーブンで2を40分焼いたら、粗熱をとる。

4　冷蔵庫で3時間冷やしたら完成。

POINT

卵を加えたらコシを切るようによく混ぜてください。焼き上がりは、竹串を刺して生地がついてこなければOK。粗熱をとってから、しっかり冷やしましょう。

動画は
こちら

材料 **4**つ

たった150円！

節約シフォンケーキ

材料 （直径12cmの紙シフォン型1個分）

- 小麦粉 … 50g
- 卵 … 3個
- 牛乳 … 50㎖
- グラニュー糖 … 50g

使うのは
コレ！

作り方

1 卵を卵黄と卵白に分けたら、ボウルに卵白を入れて泡立て、メレンゲを作る。

2 別のボウルに卵黄とグラニュー糖を入れて白っぽくなるまで混ぜたら、牛乳を加えて混ぜる。

3 2に小麦粉をふるい入れて混ぜ、メレンゲを少し加えて混ぜ合わせたら、残りのメレンゲを加えてさっくり混ぜる。

4 シフォン型に3を流し入れたら、全体を菜箸で混ぜて均一にし、3回ほど軽く落として空気を抜く。

5 170℃に予熱したオーブンで4を20分焼き、粗熱をとったら完成。

POINT

粗熱をとるときは、型ごとさかさまにして置いておくと、スポンジが沈まずふんわり仕上がります。スポンジがふわふわなので、型から外すときは慎重に、丁寧に。

材料 **4** つ

ひとつ60円で作れちゃう

節約アップルパイ

材料 （4個分）

- 冷凍パイシート … 2枚
- りんご … 1個
- 卵黄 … 1個分
- グラニュー糖 … 50 g

作り方

1　りんごを8等分のくし形切りにし、さらに1cm幅に切る。

2　耐熱ボウルに1のりんごとグラニュー糖を入れて混ぜ、電子レンジで5分加熱してさらに混ぜる。

3　パイシートを4等分に切り、半量は表面に切り目を数本入れる。

4　残りのパイシートに2のりんごをのせ、切り目を入れたパイシートをかぶせる。

5　縁をフォークで押さえて閉じ、溶いた卵黄を表面に塗る。

6　220℃に予熱したオーブンで5を15分焼き、粗熱をとったら完成。

POINT

りんごはしっかり水分を切ってください。表面に塗る卵は、卵黄のみにしたほうがこんがりときれいに仕上がります。オーブンで焼く際、表面が焦げやすいので、焼き時間の調整を。

動画は
こちら

材料 **3**つ

混ぜて焼くだけ！

りんごケーキ

材料（直径15cmのケーキ型1個分）

使うのは
コレ！

- ● ホットケーキミックス … 200g
- ● りんご … 1個
- ● バニラアイスクリーム（スーパーカップ／市販）
  … 1個（200㎖）

作り方

1　耐熱ボウルにバニラアイスクリームを入れ、電子レンジで2分加熱したら混ぜる。

2　ホットケーキミックスを加え、さらによく混ぜる。

3　りんごを8等分のくし形切りにし、半量を5mm幅に切り、半量は薄くスライスする。

4　2の生地に3の5mm幅に切ったりんごを加えてよく混ぜる。

5　クッキングシートを敷いたケーキ型に4を流し入れ、表面を平らにする。

6　スライスしたりんごをバランスよくのせる。

7　180℃に予熱したオーブンで6を40〜50分焼き、粗熱をとったら完成。

POINT

生地に混ぜ込むりんごはできるだけ均等に切り、スライスはできる
だけ薄く切りましょう。生地はダマがなくなるまでよく混ぜ、焼き
上がったら竹串を刺して生地がついてこないか確認を。

動画は
こちら

材料 **4**つ

150円で作れる

節約パウンドケーキ

動画は
こちら

材料 （18cmのパウンド型1個分）

使うのは
コレ！

- ホットケーキミックス … 200g
- 牛乳 … 200㎖
- グラニュー糖 … 50g
- サラダ油 … 30g

作り方

1 ボウルにホットケーキミックスとグラニュー糖を入れて混ぜ、牛乳を加えてさらに混ぜる。

2 サラダ油を加えて混ぜたら、クッキングシートを敷いたパウンド型に流し入れる。

3 170℃に予熱したオーブンで2を20分焼く。

4 上面に少し焼き色がついたら、縦に一本切り目を入れる。

5 さらに10分焼いたら、粗熱をとって完成。

POINT

中の生地に火が入る前に、縦に一本切り目を入れることで生焼けを防ぐことができ、真ん中がポコッとふくらんだきれいなパウンドケーキの形に焼き上がります。

材料**3**つ

バターなし！風味豊かな

マドレーヌ

材料（シリコンマドレーヌ型／6個分）

- ホットケーキミックス … 100g
- 卵 … 1個
- サラダ油 … 50g

 使うのは
コレ！

作り方

1 ボウルに卵を割り入れてよく溶きほぐし、サラダ油を加えてよく混ぜる。

2 ホットケーキミックスを加え、さらによく混ぜる。

3 マドレーヌ型にサラダ油少々（分量外）を塗り、2を型の半分まで流し入れる。

4 180℃に予熱したオーブンで3を10分焼いたら、粗熱をとって完成。

POINT

今回は、百均ショップで購入したシリコンのマドレーヌ型を使用しました。生地がふくらみやすいので、生地を流し入れるときは型の半分程度を目安に。

米粉だからサクもち

カヌレ

材料 **4**つ

材料（シリコンカヌレ型／4個分）

使うのは
コレ！

- 米粉 … 50g
- 卵 … 1個
- バター（無塩）… 10g
- 牛乳 … 150㎖

作り方

1 ボウルに米粉と卵を入れてよく混ぜ合わせる。

2 耐熱ボウルにバターと牛乳を入れ、電子レンジで
　2分加熱したら混ぜる。

3 1に2を加えてよく混ぜ合わせる。

4 カヌレ型にサラダ油少々（分量外）を塗り、3を流
　し入れる。

5 210℃に予熱したオーブンで4を60分焼く。

6 焼き上がったら型から外し、粗熱をとって完成。

POINT

百均のカヌレ型を使いました。米粉を使うことで、表面はサクッと、中はもちっとした食感になります。甘味が足りないときは、生地にグラニュー糖30gを入れても◎。また、ラム酒少々を振るとより本格的な味わいに。

材料 **3**つ

ひとつ20円！子どものおやつにもぴったり

節約マフィン

動画は
こちら

材料（直径5cm×3cmの紙カップ6個分）

使うのは
コレ！

- ● ホットケーキミックス … 200g
- ● 牛乳 … 150㎖
- ● サラダ油 … 30g

作り方

1 ボウルにホットケーキミックスと牛乳を入れて混ぜ、サラダ油を加えてさらによく混ぜる。

2 絞り袋に1を入れ、紙カップに絞り入れる。

3 天板に2を並べ、180℃に予熱したオーブンで20分焼く。

4 焼き上がったら、粗熱をとって完成。

POINT

天板は、「カップ型天板」もしくは「マフィン型天板」を使ってください。ダマがなくなるまで生地をよく混ぜ合わせたら、紙カップに均等に絞り入れて。ふくらむので、紙カップの八分目を目安に。

材料 **4**つ

おうちで本格菓子に挑戦

シュークリーム

材料 （8個分）

- ホットケーキミックス … 50 g
- 卵 … 2個
- ホイップ（しぼるだけホイップ／市販）… 1本（250㎖）
- サラダ油 … 30 g

作り方

1 耐熱ボウルに水100㎖（分量外）とサラダ油を入れ、電子レンジで2分加熱したら混ぜ合わせる。
2 ホットケーキミックスを加えて混ぜ、電子レンジで2分加熱したらさらに混ぜる。
3 溶いた卵1個を3回に分けて加え、都度よく混ぜる。
4 絞り袋に3を入れ、クッキングシートを敷いた天板に丸く絞る。
5 卵1個を溶きほぐし、4の表面に薄く塗る。
6 190℃に予熱したオーブンで5を20分焼いたら、170℃に下げて10分焼く。
7 焼き上がったら粗熱をとり、上部1/3を横に切る。
8 7のシューにホイップを絞り、上部のシューをかぶせたら完成。

POINT

工程3で、卵を加える際は、生地の粗熱をしっかりとってから。卵のコシを切るようにし、ダマがなくなるまでよく混ぜましょう。シュー生地を天板に絞るときは、直径5cmを目安に、丸く均等に。

動画は
こちら

材料 **4** つ

バター、牛乳なし！

エクレア

材料 （8個分）

● ホットケーキミックス … 70g
● バニラアイスクリーム（スーパーカップ／市販）… 1個（200㎖）
● 卵 … 2個
● サラダ油 … 30g

作り方

1 耐熱ボウルに水100㎖（分量外）とサラダ油を入れ、電子レンジで2分加熱したら混ぜ合わせる。

2 ホットケーキミックス50gを加えて混ぜ、電子レンジで1分加熱したらさらに混ぜる。

3 溶いた卵1個を3回に分けて加え、都度よく混ぜる。

4 絞り袋に3を入れ、クッキングシートを敷いた天板に細長く絞る。

5 卵1個を溶きほぐし、4の表面に薄く塗る。

6 190℃に予熱したオーブンで5を20分焼いたら、170℃に下げて10分焼く。

7 耐熱ボウルにバニラアイスクリームを入れ、電子レンジで2分加熱したら混ぜる。

8 7にホットケーキミックス20gを加えてよく混ぜ、電子レンジで2分加熱したらさらに混ぜる。

9 容器に8を入れ、ぴったりとラップをしたら、冷蔵庫で3時間冷やす。

10 6のシューに菜箸で穴をあけ、絞り袋に入れた9を絞り入れたら完成。

POINT

注意することは151ページのシュークリームのポイントを参照してください。シュー生地を絞る際は、長さ6cmが目安。シューに穴をあけるときは、割れやすいので気をつけて。

動画はこちら

材料 **4**つ

ひとつ30円！揚げないから手間なし

焼きドーナツ

材料 （5個分）

- ホットケーキミックス … 200g
- 卵 … 1個
- 牛乳 … 50㎖
- 粉糖 … 50g

作り方

1 ボウルに卵と牛乳を入れてよく混ぜ合わせる。
2 ホットケーキミックスを加えてよく混ぜたら、ドーナツ状に形を整える。
3 クッキングシートを敷いた天板に2を並べ、180℃に予熱したオーブンで20分焼く。
4 ボウルに粉糖と水5㎖（分量外）を入れてよく混ぜ、粗熱をとったドーナツにかけて固めたら完成。

POINT

生地がふくらむので、ドーナツ状にする際、中央の穴は大きめに。表面はなめらかにしてください。焼くときは焦がさないように注意を。アイシングは粉糖に水を混ぜてかけるだけなので楽チンです。

動画はこちら

INDEX おやつ別

INDEX 　材料別

syun cooking

2001年、大阪生まれ。
4年前からスイーツ作りにハマり始める。レシピ開発の面白さに気づき、独学で考えたレシピをSNSで配信。「材料4つまで」の、初心者や子ども向けのスイーツレシピを得意としている。現在、SNSの総フォロワー数は250万人超(2024年3月現在)。

TikTok ：syuncooking
YouTube ：@syuncooking
Instagram ：syun_cooking
X ：@SyunCooking

常識やぶりのアイデアおやつ
「材料4つまで」の100レシピ

2023年12月31日　第1刷発行
2024年11月5日　第10刷発行

著者	syun cooking
発行者	佐藤靖
発行所	大和書房
	東京都文京区関口1-33-4
	電話03(3203)4511
デザイン	内村美早子(anemone graphic)
撮影	片桐圭・中田浩資(lingua franca)
スタイリング	川﨑尚美
Special Thanks	神尾一成・有馬大平・立川国太郎(ノボタ)
撮影協力	トラモンティーナ・ジャパン
編集	滝澤和恵(大和書房)
印刷	歩プロセス
製本所	ナショナル製本